XOKONOSCHTLETL

# INDIANISCHE WEISHEITEN ÜBER FEUER UND WIND

ORBIS VERLAG

XOKONOSCHTLETL

# SETZT EUCH ZU UNS ANS FEUER

## INDIANISCHE MÄRCHEN FÜR ERWACHSENE

# INHALT

Vorwort  7

Das Märchen von Liebe und Vertrauen  9

Der Dank der Welt  12

Kein Märchen vom Alkohol  15

Der Gerechte  18

Lob der Faulheit  20

Der Tyrann und der Zwerg  23

Das Leben ist eine Illusion  27

Die Kojotenmutter  31

Wie die Krähe den Menschen rettete  33

Schmeichelei und Eitelkeit  37

Das Dorf und die Stadt  40

Lieber tot als arbeiten  44

## INHALT

Motekuhzomas Gesetz  47

Leben und leben lassen  49

Ometeotl und das schlaue Kaninchen  52

Von großen und kleinen Tieren  59

Mensch, halte ein!  62

Popokatepetl und Iztakziuatl  66

Aluxi  69

Der alte Balken  72

Der Schlaf eines Kindes  75

Die weinende Frau  78

Der Tanz der Rehe  80

Nehuan ni tehuan  83

Über die Angst zu siegen  90

Mikistli  93

Die sechste Ebene  96

Wie ein Eingeborener Mexikos denkt  99

Kenne deinen Körper  111

# Vorwort

Setzt euch zu uns ans Feuer und laßt euch erzählen. Hört die Märchen, Legenden und Geschichten, die sich die Menschen auf dem Rücken der großen Schildkröte schon seit Jahrhunderten erzählen und immer neu erfunden haben. Ihr nennt *mishee mackinakong,* unsere Schildkröteninsel, Amerika. Für uns, die Kinder der Azteken, ist sie immer *ijakchilan,* das Ungeheuer Große, gewesen, wo viele Menschen auf einmal und in Frieden lebten und eins waren mit unseren Eltern, Mutter Erde und Vater Sonne, und unseren Geschwistern, den Wolken und Flüssen und Bergen und Steinen, mit unseren Brüdern und Schwestern, den Tieren und Pflanzen.
Der euch erzählt, heißt Xokonoschtletl. Eure weißen Gelehrten werden den Namen genau übersetzen: säuerliche und feurige Kakteenfeige. Doch in unserer Sprache Nahuatl enthalten die Worte eine tiefere Bedeutung. Die Kakteenfeige wächst in kargen Gegenden und muß weit in den Boden reichen, um das

## VORWORT

Wasser, den Quell ihres Lebens, aufzunehmen. Darum bedeutet Xokonoschtletl auch: der, welcher sehr tiefe Wurzeln hat und sich damit ernährt.

Die tiefen Wurzeln, die mich ernähren, sind die Kultur, das Wissen und die Tradition meines Volkes, der Azteken. Sie werden bewahrt in den Geschichten, die wir uns erzählen, und in der Weisheit, die unsere Alten und Heiler überliefern.

Setzt euch ans Feuer. Nur wer sich Zeit nimmt, wird zu Weisheit kommen.

# Das Märchen von Liebe und Vertrauen

Es waren einmal zwei Menschen, die hatten sich sehr lieb. Sie hatten geheiratet und konnten sich gar nicht vorstellen, ohne einander zu leben. Und darum beschlossen sie eines Tages: Sollte einmal einer von ihnen sterben, Mann oder Frau, dann würde der andere sein Leben aufgeben und ihm folgen, um zu zeigen, wie stark ihre Liebe füreinander gewesen war.

So ging ihr Leben dahin, und sie waren im Frieden mit sich und ihren Kindern. Eines Tages jedoch hatte der Mann die Idee, seine Frau zu prüfen und herauszufinden, wie sehr sie ihn liebe.

Und so schickte er einen Gefährten, der mit ihm im Wald beim Holzsammeln war, zu seiner Frau nach Hause. Er sollte ihr erzählen, ihr Mann sei von einem Baum gefallen und dabei zu Tode gekommen.

Als die Frau das hörte, zerriß ihr der Schmerz schier

## Das Märchen von Liebe und Vertrauen

das Herz, und sie erinnerte sich ihres Versprechens, ging in ihr leeres Haus und nahm sich das Leben.
Als ihr Mann zurückkehrte und sie fand, vergoß er bittere Tränen. Wie dumm war er doch gewesen! Er hatte nicht geglaubt, daß seine Frau das Versprechen halten würde.
Er hatte ihre Liebe geprüft und sie dabei ganz verloren.
Der Mann war sehr traurig, er vermißte sie und weinte bitterlich. Doch ihr in den Tod zu folgen, dazu fehlte ihm der Mut.
Nach einiger Zeit freilich fiel ihm auf, daß sein Haus immer sauber war, die Kinder versorgt waren, gegessen hatten und fröhlich waren, wenn er von der Arbeit zurückkam. Das verstand er nicht, und er fragte sie, weshalb sie so fröhlich seien und wer die Ordnung geschaffen habe. Ihre Antwort war einfach: Mutter war da und hat das alles gemacht.
Das wollte der Mann nicht glauben, doch es geschah jeden Tag von neuem, und die Antwort war immer dieselbe. Da versteckte sich der Mann im Haus und wollte sehen, was passierte. Tatsächlich erschien seine Frau und war so schön und sah so lieb aus, daß es ihn nicht mehr in seinem Versteck hielt.

*Wir wissen nicht, was wir besitzen, bis wir es verloren haben. Und niemals dürfen wir von einem anderen verlangen, was wir selbst nicht zu geben bereit sind.*

## DAS MÄRCHEN VON LIEBE UND VERTRAUEN

Er trat hervor und sagte ihr, wie sehr er sie liebe, wie wunderbar ihre Augen leuchteten, und er wollte sie umarmen und küssen.

Die Frau antwortete: »Nein, nein, bitte nicht! Tu es nicht, denn ich bin gestorben und kann dann niemals wiederkommen und muß für immer gehen. Bitte, tu es nicht!«

Doch der Mann hatte seine Frau so lieb, daß er nicht begriff, was sie meinte, und wollte sie unbedingt in seinen Armen halten. Und er umarmte sie.

Da hielt er in seinen Armen ein Knochengerüst. Die Frau ist nie wieder erschienen.

## DER DANK DER WELT

Einmal hörte ein Rotkehlchen von fern ein trauriges Lied. Es folgte dem Gesang und fand einen Kanarienvogel, dessen Käfig über einem Balkon hing.
»Warum bist du so betrübt?« fragte das Rotkehlchen.
»Weil ich hier eingesperrt bin«, klagte der Kanarienvogel, »aber wenn du mir heraushilfst, werde ich deine Freundin sein.«
Das Rotkehlchen war von dem traurigen Lied und der Anmut, mit der es gesungen wurde, so entzückt, daß es sich bemühte, den Käfig zu öffnen. Dabei verletzte es sich am Schnabel, Blut lief über seine Brust. Doch endlich gelang es ihm, die Gefangene zu befreien.
»Komm, laß uns weit weg fliegen, wo wir zusammensein können«, jubilierte das Rotkehlchen.
»Wie bitte? Ich kenne Sie nicht«, entgegnete der Kanarienvogel.

## DER DANK DER WELT

»Aber du hast mir doch deine Freundschaft angeboten«, sagte das Rotkehlchen.

»Ich befreunde mich nicht mit jemandem, der mir unbekannt ist«, antwortete stolz die Kanarienfrau und flog auf und davon.

Das Rotkehlchen blieb vor Enttäuschung wie betäubt sitzen. Da kam der Vogelhalter und sperrte es in den Käfig, in dem es fortan schöne und traurige Lieder sang.

## Kein Märchen vom Alkohol

Es war einmal ein Mann, der hatte seine Frau sehr lieb. Aber er war sehr dem Alkohol zugetan und oft betrunken, und er trank immer mehr. Seine Frau sagte zu ihm: »Hör damit auf, wir lieben dich, dein Sohn und ich! Du tötest dich mit dem Alkohol, aber vorher tötest du uns damit.«

Doch der Mann hörte nicht auf sie, wurde nur wütend und sagte zu seiner Frau: »Was hast du mir zu predigen, halt den Mund!« Dann begann er auch, seine liebe Frau zu schlagen. Das Kind weinte vor Angst. Da wurde er noch wütender und schlug auch seinen Sohn.

Er war so oft betrunken, daß er sich selbst schämte und damit aufhören wollte, weil die Liebe zu seiner Frau doch sehr groß war. Aber der Alkohol war stärker, und es gelang ihm nicht, damit aufzuhören.

Plötzlich aber starb seine Frau. Die Ärzte sagten

## Kein Märchen vom Alkohol

ihm, daß eine Herzkrankheit schuld daran gewesen sei. Aber er wußte genau, sie war an Traurigkeit gestorben.
Um seinen Kummer über den Tod seiner lieben Frau zu vergessen, begann er noch mehr zu trinken. Viele Flaschen Alkohol, volle und leere, lagen im Haus herum. Wenn er betrunken war, hat er seine Frau gesehen und laut mit ihr gesprochen.
Das Kind machte dann immer große Augen und wollte ebenfalls seine Mutter sehen. So fragte es: »Vater, wo ist sie? Ich möchte, daß sie mich umarmt und küßt, wo ist sie?«
Dann schrie der betrunkene Mann sein Kind an: »Siehst du sie nicht, da vorn, du Dummkopf, da steht sie doch! Geh hin, damit sie dich küßt und umarmt!«
Aber das Kind konnte seine Mutter nicht sehen, begriff den Vater nicht und war verwirrt, verängstigt und traurig.
Irgendwann, als der Mann von der Arbeit zurückkam und schon wieder zu einer Flasche Alkohol greifen wollte, sah er seinen Sohn auf dem Boden liegen. Er stieß ihn an; da ist das Kind aufgesprungen und hat gelacht und unsinniges Zeug geredet, und seine Augen haben wie Irrlichter gefunkelt.
Der Vater schimpfte mit ihm: »Was machst du denn

*Der Alkohol löst keine Probleme. Im Gegenteil: Er macht sie größer und schlimmer.*

## KEIN MÄRCHEN VOM ALKOHOL

da, bist du verrückt geworden, oder soll ich einen Arzt holen?«

Dann merkte er, daß seine Flasche leer und das Kind betrunken war, und brüllte los: »Du bist besoffen, ich werd's dir zeigen, das machst du nie wieder, ich schlage dich tot!« Und er nahm seinen Gürtel ab, um damit das Kind zu verprügeln.

Der Junge kam schnell zu Sinnen und schrie voller Angst: »Vater, ich wollte doch nur Mutter sehen, wie du sie siehst, wenn du getrunken hast! Warum willst du mich schlagen, nur weil ich euch beide so lieb habe?«

Da erschrak der Mann tief in seinem Herzen und dachte: Ich habe meine Frau getötet und hätte nun beinahe meinen Sohn erschlagen. Ich habe meine Frau geliebt und liebe meinen Sohn. Ich bin doch kein schlechter Mensch. Ich werde nicht mehr trinken!

Der Mann hat sich daran gehalten. Wenn man ihn zu einem Glas Schnaps einlud, hat er abgelehnt und ist nach Hause gegangen zu seinem Sohn, weil er immer daran denken mußte, daß er wegen des Alkohols fast alles zerstört hätte, was ihm lieb und teuer war.

# Der Gerechte

Ein Mann hatte einen Truthahn geschlachtet und zubereitet; den wollte er ganz für sich allein im Wald verspeisen. Als er sein Mahl begann, erschien der Teufel und sagte: »Ich bin der Teufel. Gib mir von deinem Truthahn.«
Da antwortete der Mann: »Nein, keinen Bissen.«
»Warum nicht«, schimpfte der Teufel, »ich bin der Teufel, der Allmächtige!«
»Das bist du nicht«, entgegnete der Mann, »Gott läßt nicht zu, daß du alles tun kannst, was du willst; von mir bekommst du nichts.«
Da entfernte sich der Teufel, und der Mann setzte sein Mahl fort. An seiner Stelle erschien Gott.
»Ich bin Gott, der Allmächtige, gib mir von deinem Truthahn.«
Der Mann entgegnete mit einem Nein: »Obwohl du Gott bist, handelst du nicht gerecht. Es gibt zu viele Kriege, Kranke und Arme auf dieser Welt. Von mir bekommst du nichts.«

## DER GERECHTE

Da ging Gott davon, der Mann aß weiter, und es kam ein anderer, der Tod.

Der Tod stellte sich vor, bat um ein Stück Truthahn, und der Mann sagte: »Setz dich und nimm, denn ich gebe dir. Du bist der einzig Gerechte, du nimmst Junge und Alte, Arme und Reiche, Bauer und Herr zu dir. Nimm Platz und sei mein Gast!«

## Lob der Faulheit

Es waren einmal fünf Männer, die hatten kein Dach über dem Kopf, weil sie nicht nur Unglück im Leben gehabt hatten, sondern auch maßlos faul waren. Sie fanden sich zusammen, weil sie sich so ähnlich waren. Keiner mochte etwas tun und sich bewegen, kochen oder betteln, nicht einmal für sich selbst. Das war auch der einzige Grund, weshalb es zwischen ihnen zum Streit kam, denn irgendwann mußte ja einer für sie Essen kochen. Sie waren deshalb auch mager und schmutzig. Sie wußten zwar, daß Wasser zum Kochen und Waschen da war, aber sie nutzten es nur, wenn es als Regen auf sie herabfiel, sonst war sein Gebrauch ihnen fremd. Man sagte, man könne ihr Lager finden, wenn man einfach dem Gestank nachginge.
Eines Tages lagen alle fünf unter einem Avocadobaum und waren sehr hungrig. Die Früchte waren so reif und nah, daß man nur hätte aufstehen und sie pflücken müssen. Doch eine Avocado hing so groß

## LOB DER FAULHEIT

und schön über ihren Köpfen, daß man nur den Arm
hätte ausstrecken müssen.

»Ach«, seufzte einer, »wenn du doch nur herabfal-
len würdest.«

»Halt das Maul«, knurrte nach einer Pause ein anderer. »Wer soll sich dann umdrehen und sie auf-
heben?«

# Der Tyrann
# und der Zwerg

Es war einmal eine wunderschöne Stadt, die man die dreimal Gebaute nannte. Ihre Anlage war ganz einmalig und reich an großartigen Palästen.
In dieser Stadt regierte zu dieser Zeit ein Häuptling; der war sehr tyrannisch und wenig beliebt.
Es lebte da auch eine weise Frau, die sich in Medizin und weißer Magie gut auskannte. Sie war alt und einsam und hatte sich doch immer so gewünscht, ein Kind zu haben.
Einmal, als sie im Wald war, um Holz und Honig zu sammeln, wurde sie sehr müde. Sie setzte sich nieder, um auszuruhen, und schlief ein.
Als sie erwachte, lag ein kleines Kindchen neben ihr. Ein so nettes, liebes und kleines Wesen hatte sie noch nie gesehen. Es schaute sie an und schenkte ihr ein strahlendes Lächeln. Das erwärmte das Herz der alten Frau, und sie nahm diesen wunderschönen

## DER TYRANN UND DER ZWERG

Knaben mit nach Hause und sorgte für ihn, als wäre er ihr eigener Sohn.

So richtig gewachsen ist das Kind aber nicht, es blieb ein Zwerg. Doch es war klug und gescheit, und die weise Frau schenkte ihm all ihre Liebe und ihr Wissen.

Der Häuptling hörte von dem Kind; und er konnte es nicht leiden, weil es ein Zwerg war. Darum suchte er nach einer Gelegenheit, es aus seiner Stadt zu vertreiben. So forderte er es zu einem Wettkampf auf. Es ging darum, Intelligenz und Weisheit, Phantasie und Kenntnisse zu messen. Der Tyrann war oberster Richter und bestimmte, wer welchen Wettkampf zu bestehen hatte.

Als der Zwerg an der Reihe war, sagte der Häuptling: »Ich habe immer gehört, daß du so schlau bist. Nun mußt du es beweisen; wenn es dir gelingt, werde ich dich belohnen. Verlierst du aber, dann mußt du die Stadt verlassen. Sage mir bis morgen ganz genau, wie viele Kirschen dieser Baum uns gegenüber trägt. Du darfst aber die Kirschen weder pflücken noch berühren.«

Der Baum war sehr groß und trug viele Früchte. Wie konnte der Zwerg diese Aufgabe erfüllen? Früh am nächsten Morgen ging er zu dem Baum, sprach mit den Ameisen und den Kolibris – das hatte ihn die Magie der guten Alten gelehrt – und bat sie, ihm beim Zählen zu helfen.

## Der Tyrann und der Zwerg

Der Tyrann ließ dann von seinen Dienern alle Kirschen pflücken und nachzählen und konnte kaum glauben, daß der Zwerg ihm die richtige Zahl genannt hatte. Er mußte ihm dafür viele wunderschöne Sachen schenken, leichte Matten und warme Decken, hübsche Federn und bunte gold- und silberdurchwirkte Gewänder. Nach diesem Sieg hätte der Zwerg zufrieden sein können, aber er wollte nicht aufgeben. Die nächste Prüfung sollte viel schwieriger werden. Der Häuptling verlangte von ihm: »Du mußt mir in einer Nacht ein baumhohes Gebäude errichten. Dafür will ich dich wie ein Häuptling belohnen – oder du mußt aus der Stadt und darfst nie wieder zurückkommen.«
Der Zwerg fand wieder Freunde, die ihm halfen, und schon um Mitternacht stand ein Gebäude, das höher war als die Bäume ringsum und sehr schön. Und der Tyrann mußte ihn wieder belohnen.

*Das Böse, das man anderen wünscht, kann sich leicht gegen einen selbst richten.*

Der Zwerg trat auch zur dritten Runde des Kampfes an, in der der Häuptling ihn vernichten wollte: »Ich werde auf deinem Kopf eine Kokosnuß aufschlagen, und wenn du dann noch am Leben bist, sollst du reich belohnt werden.«

»So sei es«, sagte der Zwerg, »aber wenn ich diese

## DER TYRANN UND DER ZWERG

...ung bestanden habe, mußt du dich derselben
Mutprobe unterziehen.« Und der Tyrann stimmte zu,
weil er den Zwerg schon tot glaubte. Auch diesmal
half dem Zwergenkind seine Adoptivmutter mit ihrer weißen Magie. Mit einem Schnitt ihres magischen Messers hob sie die Schädeldecke des Zwer-
ges ab und setzte eine Goldplatte ein, und niemand
konnte die Veränderung sehen.

Als der Häuptling am nächsten Morgen eine Kokosnuß auf seinem Kopf aufschlug, lächelte der Zwerg
– und die Nuß zersprang. Der Tyrann aber starb
schon beim ersten Hieb. So wurde der Zwerg zum
Häuptling, und immer wieder wird bei uns erzählt,
wie glücklich die alte Frau und das Volk in der dreimal gebauten Stadt waren.

## Das Leben ist eine Illusion

Vor zweihundert Jahren sind die Engländer ins Land der Apachen gekommen.
Ein Häuptling unserer Brüder im Norden hat bald erkannt, daß die weißen Menschen nur Gold und Land begehrten. Die Apachen hatten kein Gold mehr, aber immer noch sehr viel Land, von dem die Weißen immer mehr an sich rissen. Da hat der weise Häuptling unserer Brüder zu einem der ihren gesagt: »Wenn du Land möchtest, kannst du zu uns kommen. Ich werde dir das ganze Land geben, das du an einem Tag mit deinen Füßen durchwandern kannst. Je weiter du läufst, desto mehr Land wirst du haben.«
»He«, sagte der weiße Mann, »das ist phantastisch, so machen wir das!«
Sie einigten sich auf einen bestimmten Tag. Der weiße Mann würde einen Rechtsanwalt mitbringen

## DAS LEBEN IST EINE ILLUSION

für den Vertrag, und ein Indianer sollte den Läufer begleiten, um zu sehen, wie weit er gekommen sei, denn alles sollte seine Richtigkeit haben. Bis zu dem vereinbarten Tag hat der weiße Mann das Laufen geübt und ist gerannt und gerannt. Jeden Tag wurde er schneller und kräftiger, jeden Tag legte er eine größere Strecke zurück. Dann ist der große Tag gekommen, und der weise Häuptling fand sich mit unseren Brüdern am vereinbarten Platz ein. Der weiße Mann ist natürlich schon fünf Minuten vor Sonnenaufgang dagewesen, denn je früher er anfing zu laufen, desto mehr Land würde er gewinnen. Um zehn Uhr hatte er schon viele Meilen zurückgelegt und einen großen Grundbesitz erworben. Aber er war nicht zufrieden damit, er wollte noch mehr und hatte dafür ja noch den ganzen Tag. Der Indianer, der mit ihm lief, sagte nur: »Je schneller du läufst, desto mehr Land wirst du besitzen!«

Am Nachmittag lagen schon über fünfzig Meilen hinter ihm. Er war müde und durstig, es war heiß, und seine Füße schmerzten, aber er hatte noch immer nicht genug. Nie wieder würde er die gleiche Chance haben, es war doch nur ein Tag. Und so ist er noch schneller gelaufen, und am Abend hatte er ganz viele Meilen geschafft.

Da war er stolz und zufrieden und eilte zurück zum Häuptling, damit dieser unterschreibe, daß das ganze große Land nun ihm gehöre. Diese weitere An-

## DAS LEBEN IST EINE ILLUSION

strengung hat sein Herz nicht mehr verkraftet, und er ist auf dem Rückweg gestorben.

Als der Häuptling dies erfuhr, sagte er: »Armer Mensch, er wollte so viel Land nur für sich haben, wozu? Er braucht doch nur einen Quadratmeter, um begraben zu werden.«

## Die Kojotenmutter

Es war einmal eine Kojotenmutter, die hatte in der Prärie ihren Sohn verloren und suchte nach ihm. Jedes Tier, dem sie begegnete, fragte sie nach ihm. Zuerst traf sie einen Hirsch.
»Bruder Hirsch, hast du zufällig meinen Sohn gesehen? Ich habe ihn vor einigen Stunden verloren.«
»Wie sieht dein Sohn denn aus, Schwester?« fragte der Hirsch, und die Kojotin antwortete: »Ach, er ist sehr hübsch, sein Fell glänzt so schön, er hat eine glänzende Nase, seine Augen leuchten, und er sieht kräftig aus und hat sehr starke Beine.«
»Nein, Schwester, den habe ich nicht gesehen.«
So machte sich die Kojotenmutter weiter auf die Suche. Sie traf eine Schlange und den Jaguar, sie fragte den Affen und viele andere Tiere. Immer beschrieb sie das edle Aussehen ihres Sohnes, auch als sie dem Adler begegnete: »Mein Junges ist das schönste der Erde, seine Augen funkeln wie Sterne, aber ganz besonders glänzt sein Fell.«

## DIE KOJOTENMUTTER

»Was für ein Glück«, sagte der Adler erleichtert, »denn ein paar Täler von hier habe ich einen kleinen Kojoten gesehen. Aber der sah räudig aus, er war mager und häßlich. Und er war tot.«
Da begann die Kojotenmutter bitter zu weinen, und der Adler fragte: »Warum weinst du, Schwester?«
»Weil das mein Sohn ist.«
»Aber du hast doch gesagt, daß dein Sohn so schön ist?«
»Ach«, schluchzte die Kojotenmutter, »weißt du denn nicht, Bruder Adler, daß es für eine Mutter kein häßliches Kind gibt?«

# Wie die Krähe
# den Menschen rettete

Es war vor langer Zeit in Mexiko, da war der Skorpion der Stolzeste unter allen Spinnentieren. Er hat mit keinem gesprochen, niemand hat ihn je essen sehen, und er hatte ein so hochmütiges Benehmen, als wüßte er um ein besonderes Geheimnis. Viele haben versucht, ihn zum Reden zu bringen, aber es ist keinem gelungen.

Zu der Zeit, als sich diese Geschichte zutrug, konnte die Krähe sehr schön singen. Und sie war auch sehr neugierig und wollte darum unbedingt hinter das Geheimnis kommen, das der Skorpion vor allen hütete.

So begann sie nach dem Skorpion zu suchen, lange Zeit, bis sie ihn schließlich unter einem Stein entdeckte, wo er wohnte. Sie setzte sich auf den Ast eines Baums direkt über dem Stein und begann ganz unschuldig zu singen. Dann tat sie ganz überrascht

## WIE DIE KRÄHE DEN MENSCHEN RETTETE

und sagte: »Ei, Bruder da unten, warum bist du so ruhig? Und warum bist du so mager? Du solltest essen, sonst wirst du vor Hunger sterben!«

Aber der Skorpion gab auch der Krähe keine Antwort. Da begann sie erneut zu singen und sagte dann: »Du tust mir so leid. Du bist so dünn, daß man fast durch dich hindurchsehen kann.«

Da antwortete der Skorpion mit schwacher Stimme: »Ich kann nicht essen. Ich habe großen Hunger, aber ich darf nichts essen und nicht stechen.«

»Warum denn das? Du brauchst es doch, das Essen und das Stechen!«

Doch der Skorpion hatte sich wieder unter seinem Stein verkrochen und sagte nichts mehr.

Die Krähe freilich hatte sich etwas vorgenommen, und sie blieb so ausdauernd mit ihrem Singen und Fragen, daß der Skorpion schließlich nachgab. »Ich werde dir das Geheimnis erzählen. Du darfst es aber nicht weitersagen! Es muß unter uns bleiben.«

»Aber ja!« beruhigte ihn die Krähe.

»Dann höre. Ich bin der beste und stolzeste Skorpion, aber ich möchte auch der Allergrößte sein. Darum muß ich noch länger hungern und darf nichts essen.«

Die Krähe wartete auf das Geheimnis.

»Wenn ich das durchhalte«, fuhr der Skorpion fort, »habe ich soviel Gift in meinem Stachel, daß ich ei-

34

## Wie die Krähe den Menschen rettete

nen Menschen mit einem Stich meines Schwanzes töten kann.«

»Warum willst du das tun, Bruder?«

»Weil der Mensch unser schlimmster Feind ist«, sagte der Skorpion. »Wenn ich den schlimmsten Feind besiege, werden alle Tiere wissen, daß ich der Größte bin.«

»Das wird wohl so sein«, überlegte die neugierige Krähe, »aber trotzdem: Wir dürfen ihn nicht umbringen, denn unsere Mutter Erde ist auch die Mutter des Menschen. Iß lieber etwas, sonst wirst du vor Hunger sterben.«

*Auch die Krähe ist eine Schwester des Menschen.*

Doch der Skorpion aß nichts und blieb bei seinem Vorsatz, so viel die Krähe auch redete. Das machte sie traurig, denn sie hatte ein gutes Herz und wollte auch den Menschen helfen. So sagte sie schließlich: »Ach weißt du, dieses lange Gespräch hat mich richtig hungrig gemacht. Ich bin nun einmal eine Krähe und fresse gerne Spinnentiere, die besten und die größten. Du bist zwar dünn und durchsichtig, aber in der Not – es tut mir leid – genügst du mir auch.«

Und sie flog von ihrem Ast und tat, als wolle sie den Skorpion fressen. Dieser war so verblüfft, daß er sofort zustach.

Die Krähe hat unendliche Schmerzen gelitten und

## WIE DIE KRÄHE DEN MENSCHEN RETTETE

vor Weh so laut geschrien, daß ihr die Stimme brach. Seither kann sie nicht mehr singen. Aber auch der Skorpion schafft es nicht, mit einem Stich einen Menschen zu töten, wenn rechtzeitig Hilfe kommt. Das hat die Schwester Krähe für uns getan.

# SCHMEICHELEI UND EITELKEIT

Es war einmal in einem Jahr großer Dürre. Wochen und Monate hatte es nicht mehr geregnet. Der Boden brach auf, und die Samenkörner in der Erde vertrockneten, die Keime verdorrten, das Grün der Pflanzen wurde matt, und sie trugen keine Früchte, denn sie fanden auch in der Tiefe keine Feuchtigkeit mehr. Die Tiere litten Hunger und Durst, denn die Rinnsale versiegten, und sie fanden kein Wasser mehr, und viele starben in der Trockenheit. Manche haben Wolken gesehen. Doch die Wolken zogen vorüber und spendeten kein Naß, und die Erde leuchtete gelb und kahl. Im Geäst eines Baums saß zwischen welken Blättern ein großer schwarzer Vogel, der hielt ein wunderschönes Stück Tortilla im Schnabel, das hatte er in einer Siedlung erbeutet. Auch die Menschen litten Hunger, denn die Maisvorräte waren knapp geworden; doch wenn sie Tlax-

## Schmeichelei und Eitelkeit

kalli, ihren runden Maisfladen, buken, brachen sie noch immer einige in Stücke und gaben sie ihren Brüdern, den Tieren um ihren Hütten, und da hatte der hungrige Vogel Beute gemacht. Unter dem Baum aber saß ein Kojote, der hatte den Vogel herbeiflattern sehen und war auch voller Hunger. Kojoten sind sehr schlaue Tiere, und darum sagt man bei uns oft auch »du alter Kojote«, wenn man sich vor jemandem in acht nehmen muß. Der schwarze Vogel aber saß so hoch im Baum, daß der Kojote ihn nicht erreichen konnte.

*Vergiß nicht: Auch der Fisch stirbt an seinem eigenen Maul. Hätte er es nicht aufgemacht, hätte er den Haken nicht geschluckt.*

»He, Bruder«, rief er nach oben, »he, he, he, Bruder, ich will dich hören! Man hat mir erzählt, daß du eine wunderschöne Stimme hast.«

»Was?« krächzte der schwarze Vogel.

»Ja, alle Tiere sagen es, besonders das Kaninchen erzählte mir, du hättest so wunderbar gesungen. Ich möchte es auch hören!«

Der schwarze Vogel konnte es gar nicht glauben!

Der Kojote schmeichelte weiter: »Schade, wenn du mir nicht vorsingen möchtest, weil ich eigentlich mit allen Tieren sprechen und ihnen erzählen könnte, wie wunderschön du singen kannst...«

Und so redete der Kojote weiter auf den schwarzen Vogel ein, der ganz gebannt zuhörte und schließlich

## SCHMEICHELEI UND EITELKEIT

so stolz war auf seine schöne Stimme, daß er den Schnabel aufriß und aus voller Kehle zu singen anfing.

Natürlich fiel dabei die Tortilla herunter und dem Kojoten, der sie sofort verschlang, direkt vor das Maul. Er leckte sich die Lefzen und knurrte zufrieden: »Ich weiß nicht genau, ob du schön singen kannst, aber ich weiß sicher, daß du dumm bist.«

# Das Dorf
# und die Stadt

In einem kleinen Dorf in Mexiko lebte ein sehr alter Mann, der von allen Nachbarn sehr geschätzt wurde. Nicht nur wegen seines Alters und seiner Freundlichkeit, sondern auch wegen seines Wissens und seiner Weisheit stand er überall in hohem Ansehen. Seine Haare waren dünn und weiß, seine Bewegungen langsam, beim Gehen mußte er einen Stock benutzen. Auch seine Zähne waren nicht mehr so weiß und stark wie bei jungen Menschen. Er trug einen Poncho über seinem mageren Körper, ziemlich abgenutzt, aber immer sauber und geflickt.
Irgendwann gab es Schwierigkeiten mit seinem Grundbesitz, die bei der Behörde in Mexiko-Stadt geklärt werden mußten. Die Leute im Dorf boten sich an, ihm diesen beschwerlichen Weg abzunehmen, denn es war sehr weit bis zur Stadt. Doch der Alte lehnte ab und erklärte: »Viel habe ich von Mexiko-

## DAS DORF UND DIE STADT

Stadt gehört. Leute, die von dort kommen, sagen, wir
seien einfältig, weil wir nicht das Wissen der Stadt-
menschen besäßen. Ich werde selbst in die Stadt fah-
ren. Ich danke euch.«

Und er nahm die lange und beschwerliche Reise
nach Mexiko-Stadt auf sich. Ermüdet von dem langen Weg wanderte er langsam zu dem einfachen Ho-
tel, das ihm die Leute seines Dorfes genannt hatten,
und kam an einen Platz, auf dem Kinder Ball spiel-
ten, und er freute sich an ihrem Vergnügen.

Die Kinder hatten den seltsamen Alten in seinem
schäbigen Poncho gleich entdeckt und machten sich
einen Spaß daraus, ihn nachzuäffen, wie er humpel-
te, sich auf seinen Stock stützte und an seinem Poncho zupfte, und einer, der sich besonders hervortun
wollte, ließ den Ball zwischen die Füße des alten
Mannes rollen, so daß er strauchelte. Und dann standen die Kinder um ihn herum und rissen Witze über
seine braunen Zähne und die tiefen Falten in seinem
Gesicht.

Der Alte erhob sich mühsam und sagte zu dem Jungen, der den Ball getreten hatte und der Vorlauteste
war, daß alle Kinder es hören konnten und still wurden:

»Mein Sohn, so wie du aussiehst, habe ich ausgese-
hen. So wie ich aussehe, wirst auch du aussehen. Ich
habe euch nichts getan. Ich schaue euch nur zu. Ich
schaue euch an. Warum verspottet ihr mich? Warum

## DAS DORF UND DIE STADT

tut ihr mir weh? Ich könnte euer Urgroßvater sein.
Ich bin alt und gebrechlich und komme vom Land
und habe doch Willen, Kraft und Mut. Aber warum
könnt ihr nicht einfach in Frieden spielen?«
Dann ging der Alte davon und dachte bei sich, daß
es wohl doch einen Unterschied zwischen dem Wissen eines Dorfes und den Kenntnissen einer Stadt
gebe.

## Lieber tot
## als arbeiten

In einem kleinen Dorf in Mexiko lebte ein Mann von vierzig Jahren, der sein ganzes Leben lang immer nur faul gewesen war. Er hat nie gearbeitet, hat nicht ausgesät und nicht geerntet. Die Menschen in seinem Dorf waren freundlich zu ihm. Immer wieder haben sie ihm geholfen, damit er nicht verhungert. Viele Leute haben mit ihm gesprochen, daß es doch nur zu seinem Besten wäre, wenn er arbeitete. Seine Mutter hat mit ihm gesprochen und seine Schwester, der Onkel und der Bürgermeister des Dorfes, und sogar der Pfarrer. Es half nichts. Er wollte einfach nicht arbeiten.
Auch wenn es freundliche Menschen waren, so hatten sie es doch einmal leid, immer wieder für ihn zu kochen, ihm seine Sachen zu bringen und für ihn die Arbeit zu tun, zu der er zu faul war. Und das alles ohne Dank und ohne die geringste

## LIEBER TOT ALS ARBEITEN

Hoffnung, daß es in Zukunft einmal anders sein würde.

Als sie es endgültig satt hatten, sagten sie zu ihm: Wenn er nicht selber für sich sorgen wolle, dann müsse er sich eben lebendig begraben lassen. Und weil er so faul war, war ihm auch das recht.

So haben alle ihr Scherflein dazu beigetragen, ihm einen Sarg zu kaufen, und das ganze Dorf hat sich versammelt, um ihn zum Friedhof zu tragen. Er selbst hat sich in den Sarg gelegt, und zum letztenmal haben sie ihn gefragt, ob er es sich nicht doch noch überlegen möge; aber es war nichts zu machen. Er wollte einfach nicht arbeiten. So zogen sie denn mit dem offenen Sarg, in dem der Faulpelz lag, zum Friedhof.

Diesem Zug begegnete der reichste Mann des Nachbardorfes, und als er die Leute mit Sarg und Blumen und Rosenkränzen sah, fragte er, wer denn gestorben sei.

»Niemand«, antworteten sie, »aber wir werden jemand begraben, weil er nichts zu essen hat.«

»Halt!« sagte der reiche Mann des Nachbardorfes. »Ich werde ihm gerne helfen. Niemand soll begraben werden, weil er nichts zu essen hat. Ich werde ihm zwanzig Sack Mais schenken, dann kann er weiterleben.«

Als der faule Mann das hörte, setzte er sich langsam in seinem Sarg auf und fragte: »Der Mais, den Ihr

## LIEBER TOT ALS ARBEITEN

meint, sind das Maiskörner, oder hängen die noch am Kolben?«

»Maiskolben natürlich«, antwortete der reiche Mann.

»Nein«, sagte der faule Mann, »allein die Arbeit, die Körner von den Kolben zu rebeln! Das dauert. Das ist anstrengend. Das ist mir zu mühsam.«

Langsam legte er sich in seinen Sarg zurück und sagte zu seinen Leuten: »Zum Friedhof. Ich möchte lieber begraben werden.«

# Motekuhzomas Gesetz

Motekuhzoma Xokoyotzin war unser neunter Herrscher. Er erließ ein Gesetz, nach dem kein grünender Baum gefällt werden durfte, es war nicht einmal erlaubt, einen Ast abzubrechen.
Eines Nachmittags machte Motekuhzoma einen Spaziergang. Unterwegs traf er einen Jungen, und er unterhielt sich mit ihm so gut, daß die Zeit im Nu verflog und es Nacht wurde. Es war Winter, Motekuhzoma fror, und er sagte zu dem Jungen: »Holen wir Holz für ein Feuer, mir ist sehr kalt.«
»Es gibt hier kein dürres Holz«, entgegnete ihm das Kind.
»Dann brich ein paar Äste ab«, befahl der Herrscher.
Als das Kind meinte, die Äste seien doch noch grün, erwiderte er nur: »Hauptsache, sie brennen.«
»Aber unser Herr Motekuhzoma hat es verboten. Wir sollen die Natur achten, denn sie gibt uns Leben«, belehrte ihn der Junge.

## MOTEKUHZOMAS GESETZ

»Keine Angst, Junge, ich bin Motekuhzoma selbst!«
»Dann schäme dich«, tadelte der Junge ihn. »Wie
kannst du Gesetze machen, die du selbst nicht re-
spektierst? Wie kannst du von uns verlangen, daß
wir die Natur achten, wenn du selbst es nicht tust?
Glaubst du, nur weil du das Gesetz gemacht hast,
darfst du es auch brechen?«
Da schämte sich Motekuhzoma Xokoyotzin und verbrachte die Nacht in der Kälte.
Am nächsten Tag ließ der Herrscher den Jungen rufen und ihn von seinen besten Lehrern unterrichten,
damit er ihm eines Tages helfe, das Volk zu regieren.
Motekuhzoma hatte gelernt, daß auch ein Herrscher
nur ein Schüler des Lebens ist.

# Leben und
# leben lassen

Es war einmal an einem wunderschönen Tag im Wald. Die Vögel sangen in den Zweigen, die Frösche quakten am Teich, die Grillen zirpten im Gras, und eine Klapperschlange glitt einen kleinen Weg entlang, der mitten durch den Wald führte, um sich in der Sonne zu wärmen. Sie rollte sich ein und schlief ein wenig. Es war friedlich und schön.
Da kam ein Mann des Weges, der sah die schlafende Schlange, und sogleich wollte er sie töten. Er griff nach einem schweren Stein, und gerade als er ihn auf ihren Kopf niedersausen lassen wollte, erwachte die Schlange.
»Bruder, warum willst du mich töten, ich habe dir nichts getan!«
»Du bist giftig und mußt sterben!« rief der Mann.
»Aber Bruder, ich bin zwar giftig, aber ich tue dir doch nichts. Ich werde dich nicht töten.«

## LEBEN UND LEBEN LASSEN

»Du mich töten?« lachte der Mann. »Ich bin der Mensch und viel größer und stärker als du; und ich habe diesen Stein, mit dem werde ich dich töten.«

»Bruder, zum letztenmal«, sagte die Schlange, »tu mir nichts, und ich werde dir nichts tun.«

»Ich bin nicht der Bruder einer Schlange!« schrie der Mensch. »Und du wirst sterben, und zwar auf der Stelle!« Und gleich holte er aus mit seinem Stein.

In diesem Moment schnellte die Schlange empor und biß den Mann blitzschnell in den Hals. Er fiel sofort zu Boden, und im Sterben hörte er die Schlange sagen: »Wenn du auf mich gehört hättest, Bruder, und mich nicht hättest töten wollen, so wäre dir nichts geschehen, und du könntest noch lange leben.«

Dann rollte sich die Klapperschlange in der warmen Sonne wieder zusammen und schlief ein an diesem wunderschönen friedlichen Tag im Wald.

# Ometeotl und das schlaue Kaninchen

Einmal machte sich Gott Ometeotl, der Anfang und Ende ist, große Sorgen wegen eines Kaninchens. Es machte nur Unfug und stiftete Unruhe, ließ die Menschen nicht in Frieden und nicht die Tiere und hielt sich für das größte Wesen auf Erden. Ometeotl ließ das Kaninchen rufen.
»Ich habe dich rufen lassen, Kaninchen, weil du dich angeblich für den Größten auf Erden hältst. Ist das wahr?«
»Es ist wahr, daß ich der Größte bin«, sagte das Kaninchen, »denn es gibt nichts, was ich nicht kann oder mir zu schwer ist. Sag, was ich tun soll, und ich werde es dir beweisen.«
»Gut«, sagte Ometeotl, »dann bring mir das Fell eines wilden Jaguars, den Pelz eines großen Affen und die Haut eines starken Krokodils.«
»Nichts leichter als das«, erklärte das Kaninchen.

## Ometeotl und das schlaue Kaninchen

»Geh und bring, was ich dir aufgetragen habe«, sagte Ometeotl ernst, denn es war nicht gut, wenn das Kaninchen glaubte, schwere Aufgaben mit Leichtigkeit erledigen zu können. Dann wandte sich Ometeotl wichtigeren Dingen zu. Das Kaninchen wußte, wo sich das Jagdgebiet eines für alle Tiere gefährlichen starken Jaguars befand, und ging sofort dorthin. Es begann, eine kleine Hütte zu bauen. Es dauerte nicht lange, da stand mit einem Sprung der Jaguar vor ihm.

»Ich werde dich fressen!« brüllte er.

»Einen Moment, Bruder. Ich habe dich lange beobachtet und sehe, wie du dich anstrengen mußt, die Tiere zu jagen. Darum will ich etwas für dich tun. Diese Hütte wird eine Falle sein, in der du viele Tiere fangen kannst, ohne dich abzumühen. Sie laufen hinein und können nicht mehr heraus: Hirsche, Rehe, kleine Bären, vollgefressene Kaninchen.«

Das ist gar nicht schlecht, dachte der Jaguar.

»Ich kann es aber nicht allein machen«, erklärte das Kaninchen, »du mußt mir helfen. Zieh bitte diesen Ast hier hoch für das Dach.«

Da mußte der Jaguar sich strecken und stellte sich auf die Hinterbeine.

»Ist es gut so?« fragte er.

»Sehr gut«, sagte das Kaninchen, und band ihm rasch die Hinterbeine mit ein paar kräftigen Lianen zusammen.

## OMETEOTL UND DAS SCHLAUE KANINCHEN

»Paß doch auf«, brüllte der Jaguar, »nicht meine Füße.«

»Es geht nicht anders«, sagte das Kaninchen, »sonst wird das hier unten nichts.« Und es ging nach oben und band auch die Tatzen zusammen, deren Krallen den großen Ast hielten. »Keine Sorge, es klappt, und gleich bist du das Zeug los.« Aber für den Jaguar war es schon zu spät. Er war gefesselt, und das Kaninchen nahm einen scharfen Stein, tötete ihn und zog ihm das Fell ab.

Als die Tiere von dieser Tat erfuhren, bekamen sie Angst vor dem Kaninchen, denn es hatte ihren größten Feind besiegt und brüstete sich sehr mit seiner Schlauheit. Dann machte sich das Kaninchen auf, um an den Ort zu gelangen, wo die großen Affen wohnen. Sie flüchteten sofort auf die Bäume, kreischten und warfen mit Nüssen, Früchten und Ästen nach dem Kaninchen.

Dieses blieb aber ganz ruhig. Es fing an, auf einer kleinen Trommel zu schlagen, und da verstummte der Lärm, denn das gefiel der Affenschar. Schließlich kam ein großer Affe herabgeklettert und näherte sich dem Kaninchen.

»He, Kaninchen, spiel weiter, damit ich tanzen kann.«

»Gern«, sagte das Kaninchen, »aber wir könnten auch rasch diesen hohlen Baumstamm fällen, der klingt als Trommel viel lauter und schöner.«

## Ometeotl und das schlaue Kaninchen

»Wird gemacht«, sagte der Affe, »aber schnell, denn ich will tanzen.«
Das Kaninchen beschmierte den Baum mit Harz, das gut klebte, aber das wußte der Affe nicht. Dem Affen erklärte es: »Ich habe den Baum eingeschmiert, damit die Trommel einen guten Klang gibt. Jetzt bist du dran. Wirf den Baum um.«
»Nichts einfacher als das«, sagte der große Affe. Er trat mit einem Fuß gegen den Baum, und schon klebte er fest. Er schlug mit einer Hand gegen den Baum, da klebte auch die fest. Da wurde er wütend und schlug auch mit dem zweiten Fuß und der zweiten Hand gegen den Baum, wollte auch noch mit dem Schwanz daran rütteln,

*Es kann gefährlich sein, zu schlau sein zu wollen.*

und schließlich hing er mit Händen, Füßen und Schwanz an dem Baum und brüllte fürchterlich.
Da rannten die anderen Affen in Panik davon, und das Kaninchen nahm wieder einen scharfen Stein, tötete den großen Affen und zog ihm das Fell ab.
Als die anderen Tiere davon hörten, bekamen sie noch mehr Angst vor dem schlauen Kaninchen, das sich mit seiner Tat brüstete.
Das Kaninchen machte sich auf den Weg zum Fluß, wo die Krokodile zu Hause waren. Ein großes Krokodil lag an einer Sandbank im Wasser und döste. Das Kaninchen fing an, mit einem großen Ball aus

## OMETEOTL UND DAS SCHLAUE KANINCHEN

Kautschuk vor ihm zu spielen. Der Kautschukball war sehr schwer, aber er sprang sehr gut, und das Kaninchen ließ ihn kreuz und quer hüpfen und war sehr vergnügt.

Das Krokodil sah eine Weile zu und fragte dann, was das für ein Spiel sei.

»Ein sehr schönes Spiel«, sagte das Kaninchen, »das allen viel Spaß macht, die es spielen.«

»Ich würde gern mit dir spielen«, sagte das Krokodil, »aber ich kann nicht weg vom Wasser, weil ich dann so viel von meiner Kraft verliere.«

»Na, bitte«, erwiderte das Kaninchen, »dann verpaßt du halt den Spaß. Außerdem weiß jedes Kaninchen, daß es nicht mit Krokodilen spielen soll, weil das viel zu gefährlich ist. Man kann gefressen werden.«

»Wenn ich mit dir spiele«, meinte das Krokodil, »würde ich dir nicht weh tun. Natürlich nur, wenn ich bei dem Spiel gewinne.«

»Siehst du«, rief das Kaninchen, »das ist mir viel zu gefährlich!« Und es spielte noch ein Weilchen.

»Ich möchte doch mitspielen«, sagte das Krokodil plötzlich, »und ich tue dir bestimmt nichts. Ich komme jetzt aus dem Wasser.«

Aus dem Wasser kam das Krokodil sehr schnell, an Land bewegte es sich schon langsamer. Das Kaninchen warf ihm vorsichtig den großen Ball zu, und das Krokodil hatte viel Spaß, ihn mit dem Schwanz

## OMETEOTL UND DAS SCHLAUE KANINCHEN

zurückzuschlagen. Dann auf einmal warf das Kaninchen den Ball sehr hart und traf das Krokodil am Kopf.

»Paß doch auf!« brüllte es. »Wenn du meine Schnauze erwischt hättest, hätte ich tot sein können!«

Da wußte das Kaninchen, wo der schwache Punkt des Krokodils war, und spielte ganz sanft weiter, bis es sich beruhigt hatte. Dann aber schleuderte es ihm den großen, schweren Ball mit aller Kraft auf die Spitze der Schnauze, und das Krokodil fiel sofort tot um.

Das Kaninchen zog ihm die Haut ab, holte das Fell des Affen und das des Jaguars und machte sich damit auf den Weg zu Ometeotl.

Ometeotl war sehr überrascht, daß es dem schlauen Kaninchen gelungen war, den wilden Jaguar, den großen Affen und das starke Krokodil zu besiegen.

»Ich habe dir ja gesagt«, erklärte das Kaninchen, »daß es für mich eine Kleinigkeit ist, jedes Tier zu überlisten. Ich habe mein Wort gehalten, und jetzt will ich von dir, daß du mich größer machst, denn ich bin der Allergrößte und habe das verdient.«

Ometeotl war nun klar, wie gefährlich das Kaninchen mit seiner Schlauheit war, und sagte: »Wenn du schon klein so gefährlich bist, wie schlimm würde es dann sein, wenn du auch noch groß wärest.

## Ometeotl und das schlaue Kaninchen

Die Tiere haben dir vertraut, aber du wolltest nur schlauer sein als sie. Das ist nicht gut für diese Welt.«

Und Ometeotl packte das überschlaue Kaninchen bei den Ohren und warf es in den Kosmos zu Großmutter Mond. Wenn ihr genau hinschaut, könnt ihr es noch immer dort sehen – in einem Gefängnis aus Licht.

## Von grossen und kleinen Tieren

Es war einmal ein Jaguar, ein besonders großer und schöner Jaguar, der glaubte, er sei das mächtigste unter allen Tieren. Mit majestätischen Schritten und gewaltigen Sätzen bewegte er sich durch den Urwald und achtete nicht, wohin er trat. Warum sollte er auch: Er war doch der Größte.
Als er wieder einmal so dastand in all seiner Herrlichkeit, vernahm er unter sich ein kleines Stimmchen.
»He, hallo, du da oben, schau doch mal her!«
Der Jaguar suchte, wo die Stimme herkam, und da entdeckte er eine winzige Grille, die auf seiner linken Tatze saß und zu ihm aufschaute.
»Was willst du von mir, du Winzling?«
»Paß doch bitte das nächste Mal auf, wo du hintrittst«, sagte die Grille, »denn du hast mich mit deiner Pfote fast getötet!«

## Von grossen und kleinen Tieren

»Das ist ja zum Lachen«, brüllte der Jaguar, »du winziges Ding willst mir sagen, was ich machen soll!«

»Ich bitte dich ja nur, daß du aufpassen sollst, und sonst nichts«, sagte die Grille, und das Gebrüll des Jaguars erschreckte sie überhaupt nicht. Da wurde er richtig wütend.

»Du frecher Winzling«, brüllte der Jaguar noch lauter, »ich werde dich auf der Stelle zerquetschen!«

»Halt«, die Stimme der Grille wurde jetzt ganz durchdringend, »dann erkläre ich dir den Krieg! Ich werde dir zeigen, daß wir Kleinen nicht so schwach sind, wie du glaubst.«

Jetzt wollte sich der Jaguar wirklich kaputtlachen und ließ unter seinem glänzenden Fell die Muskeln spielen. »Du klitzekleine Grille möchtest gegen mich kämpfen?! Siehst du nicht, wie stark und mächtig ich bin?«

»Du bist wie alle großen Tiere. Nur weil ihr groß seid, haltet ihr euch für etwas Besseres. Aber wir sind euch ebenbürtig, auch wenn wir klein sind, und wir werden es euch zeigen. Rufe alle großen Tiere zusammen, und ich hole alle kleinen Tiere des Waldes, und dann tragen wir unseren Streit aus. Wir werden ja sehen, wer gewinnt.«

Der Jaguar lachte noch lauter und stimmte dem Vorschlag zu, denn dann würden die großen Tiere unter diesen kleinen Quälgeistern endlich richtig aufräu-

## Von grossen und kleinen Tieren

men können. Sie vereinbarten, daß sie am übernäch-
sten Tag den Wettkampf austragen wollten.

Der Jaguar trommelte die Pumas und Bären, die Affen und Riesenschlangen und alle großen Tiere des
Waldes zusammen, die Grille hingegen die Moskitos
und Bienen, die Skorpione und Taranteln, die Wespen und Ameisen – zahllos war das Heer der kleinen Tiere im Wald; und dann standen sie sich gegenüber. Der Krieg dauerte nicht lange.

Jaguar und Puma konnten sich mit aller Kraft ihrer
Pfoten nicht der schnellen Moskitos und Bienen er-
wehren, den Bären halfen ihre Pranken nicht gegen
Skorpione und Ameisen, die Affen flüchteten vor
den Taranteln auf die Bäume und wurden von den
Wespen gestochen, und schließlich rannten all die
großen und eingebildeten Tiere wehklagend davon.

Die Kleinen aber jubelten und riefen ihnen nach:
»Nun habt ihr es gesehen! Die Kleinen sind genauso stolz und mächtig wie die Großen, und alle Tiere
haben das gleiche Recht zu leben und geachtet zu
werden.«

# MENSCH, HALTE EIN!

Zivilisierter Mann, halte einen Moment ein,
um nachzudenken.
Warum gehst du so schnell, ohne dich umzusehen,
mit einem phlegmatischen Ausdruck
der Apathie und des Unglücks im Gesicht?
Schau hinter dich und sieh, was du zerstört hast:
alle Hochkulturen, hübsche Flüsse, zarte, schöne
   Blumen,
die Nester der Vögel sind zerbrochen. Alles
   gemordet.
Sogar deinen eigenen Bruder und manchmal sogar
deine eigene Mutter.
Menschen, genau gleich, wie du oder ich –
du bringst sie um mit Gewalt.
Du bist oft im Schatten, in der Dunkelheit,
und du attackierst, ohne nachzudenken!
Vielleicht wirst du danach um Entschuldigung
   bitten,
aber die Störung ist bereits von dir verursacht.

## MENSCH, HALTE EIN!

Unsere Erde fordert und bittet, daß du sie nicht
    vergißt,
daß du sie nicht weiter umbringst
mit deiner Ignoranz und Dummheit.
Die Tiere vom Urwald, die Fische im Meer,
die Schildkröten, die Wale, alle fragen dich:
»Warum läßt du uns nicht in Ruhe?«
Von deinem Bruder, dem »Indianer«, hast du
seine symbolischen Schätze aus verschiedenen
Metallen, besonders die aus Gold,
das du niemals essen wirst, gestohlen.
Hast seine Geschichte und seine Kultur kaputt-
    gemacht –
gewalttätig zertreten.
Es sieht so aus, daß wenn du so schnell gehst,
deine Füße die Samen des Friedens, der Toleranz,
der Harmonie, der Freiheit und der Liebe
    zertreten.
Sogar die Gesundheit und das, was du bist,
ist für dich nicht wichtig.
Du setzt damit deinen eigenen Samen –
die Samen der Selbstzerstörung!
Willst du, zivilisierter Mann, dich selbst zer-
    stören?
Damit du in ein dir unbekanntes Paradies
    eingehst?
Dann bring dich um!
Aber lasse uns am Leben, denn wir lebten in einem

## MENSCH, HALTE EIN!

Paradies, und wir waren zufrieden –
bis du angekommen bist.
Wo sind deine Freunde?
Wo ist deine Liebe?
Wo ist dein Verständnis?
Wo ist dein Hunger zu lernen?
Wo ist deine eigene Kultur?
Das Heute, das du lebst, benutze es
für die Wiederherstellung,
damit deine Zukunft, die du selbst aufbaust,
nicht erfüllt sein wird mit Selbstmitleid.
Denn niemand weiß, was er besitzt,
bis er es verloren hat.

# Popokatepetl und Iztakziuatl

Gleich in der Nähe von Mexiko-Stadt gibt es zwei Vulkane, der eine läuft nach oben hin spitz zu, der andere hat die Form einer liegenden Frau. Man nennt sie in unserer Sprache Popokatepetl, der rauchende Berg, und Iztakziuatl, die weiße Frau. So aber sind sie zu ihren Namen gekommen:
In Tenochtitlan, der wichtigsten Stadt der Azteken, lebten einst Akayatzin, ein großer Häuptling und seine schöne Tochter Iztakziuatl. Unter den Kriegern Akayatzins befand sich auch Popokatepetl, ein mutiger und gerechter Mann, aber von einfacher Herkunft.
Iztakziuatl und Popokatepetl liebten sich sehr und haben viel Zeit zusammen verbracht. Das bemerkte auch Häuptling Akayatzin. Da sagte er zu Popokatepetl: »Das kann ich nicht erlauben. Sie ist meine Tochter und von Adel, und du bist nur ein einfacher

## POPOKATEPETL UND IZTAKZIUATL

Krieger. Aber ich will dir eine Chance geben, Ruhm und Ansehen zu erwerben. Zieh in den Krieg und vollbringe große Taten. Wenn du zurückkommst, gebe ich dir meine Tochter zur Frau. Aber es müssen große Taten sein.«

Popokatepetl hätte alles getan, um für immer mit Iztakziuatl zusammensein zu können. So ist er in den Krieg gezogen, sehr weit weg und für lange Zeit. Und man hörte nichts mehr von ihm. Alle außer Iztakziuatl glaubten, er sei tot.

Und die Zeit ist verflossen, und eines Tages bestimmte Akayatzin einen anderen Mann für seine schöne Tochter.

»Ich liebe doch Popokatepetl«, flehte Iztakziuatl ihn an, »und muß auf ihn warten.«

»Wir haben lange genug gewartet«, entgegnete ihr Vater, »er ist tot. Nun mußt du heiraten.«

Da ging Iztakziuatl voller Trauer in ihre Kammer, nahm ein Messer und gab sich den Tod. Alle, die von dem Unglück hörten und von der großen Liebe zwischen Iztakziuatl und Popokatepetl wußten, waren davon sehr ergriffen und strömten von den Flüssen und Bergen herbei, um an ihrer Beerdigung teilzunehmen. Am vierten Tag der Feierlichkeiten, als sie begraben werden sollte, kehrte Popokatepetl zurück. Er war der Größte aller Krieger geworden, aber das erfuhren die Menschen erst jetzt, und seine Geliebte war tot.

## POPOKATEPETL UND IZTAKZIUATL

Als er hörte, was geschehen war, wie treu Iztakziuatl ihm gewesen war und lieber tot sein wollte, als mit einem anderen Mann verheiratet zu werden, nahm auch er ein Messer und tötete sich.

Iztakziuatl und Popokatepetl sind bis zum heutigen Tag zusammen. Iztakziuatl schläft, sie ist nicht tot, und Popokatepetl steht neben ihr und bewacht ihren Schlaf. Und wenn sie aufwacht, werden sie vereint sein in alle Ewigkeit.

# Aluxi

Im Süden Mexikos, wo die Mayas leben, findet man in Höhlen unter kleinen Hügeln oftmals Malereien, auf denen kleine Menschen mit brauner Hautfarbe dargestellt sind. Die Mayas nennen sie Aluxi und glauben, daß sie noch heute leben. Die Geschichten von den Aluxi haben ihre Wurzeln in uralter Zeit und reichen bis in unsere Tage.

Die Aluxi achten darauf, daß die Saat gedeiht und eine reichliche Ernte bringt: Mais, Kürbis, Kartoffeln, Chili, Patate – was immer in ihrem Land wächst, denn sie lieben das Essen, besonders wenn es von den »großen« Menschen zubereitet wird.

Die Aluxi sind liebe und friedliche Wesen, doch wenn die Menschen ihnen kein Essen geben, werden sie unwillig und rächen sich. Die Saat gedeiht nicht mehr oder wird von den Vögeln aufgefressen; Larven und Würmer an den Keimen lassen die Pflanzen verderben.

Es kann schlimme Folgen haben, wenn die Men-

## ALUXI

schen mehrere Jahre die Aluxi vergessen, denn dann
wachsen auch am Boden keine Erdnüsse mehr, und
die Sträucher tragen keine Kakao- und Kaffeeboh-
nen, es gedeihen keine Papayas und Bananen, und
die Bäume geben keinen Kautschuk.
Mit den Aluxi muß man achtsam umgehen.
Das geschieht bis in unsere Tage durch eine Zeremonie, die Matan-Kol heißt: »Essen weggeben«.
Diese Zeremonie findet zweimal im Jahr statt, im
März und im September, weil in der Welt der Maya
und Azteken alles seine Entsprechung hat, wie
Mann und Frau – die ewige Dualität.
An diesen Tagen versammeln sich alle im Dorf, und
alle müssen sie satt werden. Jeder bringt eine Scha-
le für sein Essen mit. Es besteht aus Mais, weil dies
die wichtigste Pflanze für die Ernährung ist, und nur
Männern ist es erlaubt, ihn zuzubereiten, weil der
Mais männlich ist ...
In anderen Erzählungen über die Aluxi wird berichtet, daß sie unter der Erde Tunnel graben, damit sie
sich unbemerkt bewegen können. Ja, sogar Städte
unter der Erde sollen sie errichtet haben. Auch wenn
es dort kein Licht gibt, so sind die Augen der Aluxi
doch so gut, daß sie wie manche Tiere auch in der
Finsternis sehen.
Heutzutage, so sagen unsere Brüder, die Mayas,
fürchten und meiden die Aluxi den Menschen, und
es gibt immer weniger heute, die nicht nur Matan-

## ALUXI

Kol feiern, sondern den Aluxi auch bei der Ernte auf dem Feld eine Gabe bereitstellen. Denn die meisten wissen nicht mehr, daß die Aluxi ihre Äcker und Pflanzungen schützen. Aber auch wenn man die Aluxi nicht sieht, heißt das noch lange nicht, daß sie nicht existierten.

# Der
# alte Balken

Es war einmal ein sehr reicher Mann, der war sehr
großzügig und hat seinen einzigen Sohn sehr geliebt
und ihm jeden Wunsch erfüllt. Als der Junge älter
wurde, hatte er wenig gelernt und mußte nicht arbeiten, gab das Geld mit vollen Händen aus und
machte sich keine Sorgen über die Zukunft – denn
sein Erbe war ihm gewiß.
Der Vater ermahnte seinen Sohn immer wieder, er
möge nicht so verschwenderisch sein, und hatte
großen Kummer. Doch er gab dem Jungen immer
wieder Geld, auch wenn der alles verschleuderte.
Als der Alte auf dem Sterbebett lag, rief er den Sohn
zu sich: »Ich werde sterben, Junge, und du wirst allein sein. Ich liebe dich und habe nur einen Wunsch:
Höre auf, das Geld aus dem Fenster zu werfen, damit ich ruhig sterben kann.«
»Ich liebe dich auch, Vater«, sagte der Sohn, »aber

## DER ALTE BALKEN

du mußt begreifen: Geld ist doch nur dazu da, daß man sich ein gutes Leben macht. Ich kann dir nichts versprechen.«

Bekümmert antwortete der Vater: »Ich achte dich, mein Sohn, aber ich will dir Kummer ersparen. Es wird eine Zeit kommen, da wird meine ganze Hinterlassenschaft aufgebraucht sein, und es wird dir kein einziger Freund bleiben. Du wirst in einen Abgrund der Verzweiflung stürzen und keinen Ausweg mehr sehen. Ich sage dir offen, was ich sehe: Du wirst dich erhängen wollen. Wenn du es tust, dann tu es in diesem Haus an diesem Balken über dem Fuß meines Bettes.«

Der Sohn dachte nur, daß der alte Mann verrückt sei, und versprach es, weil er schnell weg wollte. An diesem Abend ist der Vater gestorben.

Es geschah, wie der Vater vorausgesagt hatte. Der Sohn verschleuderte sein Erbe mit leichtsinnigen Freunden und Frauen, und plötzlich war er arm und verschuldet und hatte keine Freunde oder Frauen mehr, die ihn unterstützten oder trösteten, und sah keinen Ausweg mehr.

Er wollte sich erhängen, und da erinnerte er sich des Versprechens, das er seinem sterbenden Vater einst gegeben hatte. Das wenigstens wollte er halten.

Er stellte sich auf einen Stuhl unter dem alten Balken, verknotete ein Seil mit einem Ende daran; das

## DER ALTE BALKEN

andere Ende des Seils legte er als Schlinge um seinen Hals und trat den Stuhl beiseite.

Aber er ist nicht gestorben. Der alte Balken zerbrach, er stürzte zu Boden, und eine Unmenge von Goldstücken regnete vom Balken herab, die sein Vater darin versteckt hatte.

Er kannte seinen Sohn, und er liebte ihn.

Viele Freunde standen danach wieder an seiner Tür. Doch der Sohn dachte an die Weisheit seines Vaters und schickte sie fort. Er begann zu arbeiten und sah sich nach anderen Freunden um.

## DER SCHLAF
## EINES KINDES

An jedem Morgen ist sie noch vor Tagesanbruch aufgestanden. Gerne hätte sie sich auf die andere Seite gedreht, die Augen wieder geschlossen und noch ein bißchen geschlafen. Aber sie mußte doch aufstehen, um zu arbeiten, die Tiere zu füttern, das Feld zu bestellen und den Haushalt zu versorgen.
Ihr Kind schlief, sie gab ihm einen Kuß und machte sich auf den Weg.
Gegen Abend kam sie immer erst spät ins Haus zurück und war sehr müde. Ihr Kind hatte gespielt, wie jeden Tag, und einiges war kaputtgegangen, wie jeden Tag, und hatte sich schmutzig gemacht, und das Haus mußte sie auch noch saubermachen. Wie jeden Tag.
Doch eines Tages war zu viel schmutzig und zu viel kaputtgegangen, und sie hatte wieder nur gearbeitet, und das Kind hatte den ganzen Tag gespielt; und sie

## DER SCHLAF EINES KINDES

war schon müde und sehr wütend. Da sagte sie: »So geht das nicht weiter. Morgen mußt du mit mir aufstehen. Morgen mußt du mit mir zum Markt gehen. Du mußt mit mir das Futter für die Tiere holen und das Brennholz sammeln. Du mußt mit mir Essen machen und mir helfen. Es ist einfach nicht gerecht, wenn du nur spielst und ich nur arbeite. Geh jetzt ins Bett, damit du morgen mit mir aufstehen kannst.«

So gingen beide schlafen. Das Kind war störrisch und zornig, weil es das alles nicht verstehen konnte, aber es ist mit der Mutter zu Bett gegangen.

Am nächsten Morgen ist die Mutter wieder zeitig aufgestanden, um sich an die Arbeit zu machen und ihr Kind wach zu rütteln, damit es ihr helfen konnte.

Als sie es wecken wollte, hat sie es genau betrachtet. Es schlief so ruhig und schön, und es sah so glücklich und so friedlich aus.

Da sagte sie für sich nur leise: »Und diesen Schlaf soll ich stören? Das will ich nicht. Schlafe, mein Sohn, spiele, freue dich deiner Kindheit, lache, auch wenn etwas kaputtgeht. Ich bin deine Mutter, und ich liebe dich.«

Und sie gab sanft ihrem Kind einen Kuß und machte sich an die Arbeit, die wie jeden Tag auf sie wartete.

# DIE
# WEINENDE FRAU

Unsere Geschichte erzählt von einer Frau, die so hübsch und reizend war, daß sich viele Männer um sie stritten. Sie haben sich geschlagen und verletzt, und jeder wollte der erste bei ihr sein.
Irgendwann hat sie einen von ihnen geheiratet und war zufrieden, aber nicht glücklich. Sie bekam zwei Söhne, und die Leute in der Stadt munkelten, daß sie von zwei verschiedenen Vätern seien.
Auch ihr Ehemann hörte von diesen Gerüchten. Meist beachtete er sie nicht, manchmal jedoch wurde er wütend. Aber seiner Frau sagte er nichts davon.
Eines Tages kam er zurück von der Arbeit und fand seine Frau im Bett mit einem anderen Mann. Da wurde er so zornig, daß er den Liebhaber tötete und dasselbe auch mit seiner Frau tun wollte. Aber er liebte sie so sehr, daß er es nicht fertigbrachte. Doch

## DIE WEINENDE FRAU

er mußte fliehen, weil er einen Mord begangen hatte. Er kam nie wieder zurück.

Die Frau bekam einen furchtbaren Schrecken durch dieses Erlebnis, weil sie ja wußte, daß ihr dasselbe wie ihrem Liebhaber hätte widerfahren können. Doch sie war jung und hübsch, und es gefiel ihr, daß andere Männer sie weiter umwarben und sie in ihrem Haus besuchten.

Ihre Sinne verwirrten sich, und sie konnte nicht verstehen, weshalb ihr Mann fortgegangen war; und so gab sie ihren beiden Söhnen die Schuld daran. Sie begann sie zu schlagen und zu quälen und sich nach dem Ehemann zu sehnen, der sie verlassen hatte.

In einer Vollmondnacht führte sie ihre Kinder zum anderen Ufer des Flusses und ertränkte sie. Danach verwirrte sich ihr Geist vollkommen. Von diesem Zeitpunkt an ist sie jede Nacht ans andere Ufer des Flusses gegangen, hat sich dort niedergelassen und im Geist ihre Söhne gesehen und auch, wie sie die beiden getötet hatte. Sie fing an, in einem langen weißen Kleid herumzuwandern und nach ihren Söhnen zu rufen: *Ay, mis hijos!* (Oh, meine Söhne!)

Und eines Tages ist sie gestorben. Aber ihr Geist wandert noch immer am Ufer des Flusses herum, und viele Menschen haben ihr Weinen gehört. Es macht ihnen angst, darüber zu sprechen.

# Der
# Tanz der Rehe

Im Norden Mexikos lebt der Stamm der Yaki. Sie gehören wie die Pame, Pima, Apachen, Komanchen, Pueblo, Cora, Mayo, Seri und viele andere zum Volk der Azteken, der Nahuatl. Das Reh ist in unseren Kulturen heilig, weil es uns ernährt. Aber auch andere Tiere werden von uns verehrt: der Kolibri oder der Adler und der Vogel Quetzal, dessen grüne Farbe uns Fruchtbarkeit verspricht und dessen vier Schwanzfedern, zwei kurze und zwei sehr lange, für uns die Dualität von Natur und Weisheit symbolisiert. Darum dürfen nur sehr wenige Menschen sich mit den Federn des Quetzal schmücken.
Unsere Brüder, die Yaki, führen noch heute einen alten Tanz auf, der dem Reh gewidmet ist, das sie ernährt, und mit dem sie auch um Verzeihung bitten, weil sie es töten müssen. Diese Zeremonie findet immer vor der Jagd statt und hat folgende Geschichte:

## DER TANZ DER REHE

Einmal, als die Jäger in die Berge gingen, um Rehe
zu jagen, mußten sie lange suchen, und konnten
doch keines entdecken, bis einer eine frische Spur
entdeckte. Der Wind half ihm, dem Geruch des Rehs
zu folgen. Und plötzlich stand der Jäger in einem
kleinen Tal und sah vor sich ein Reh, so hübsch und
stolz, mit so viel Anmut und Würde, daß er es nur
gebannt betrachten konnte.

Es schien, als wisse das Reh genau, daß der Jäger es
beobachtete: Am Ende senkte es seinen Kopf wie
zum Dank, daß der Mann es verschont hatte, und
verschwand dann spurlos.

Der Jäger ging zurück zu seinen Gefährten und erzählte, was er gesehen hatte. Sie stellten daraufhin
die Jagd ein und kehrten in ihr Dorf zurück.

Dort war man betrübt, daß die Jäger keine Beute
brachten. Da bat der Jäger, der dem Reh gefolgt und
es nicht getötet hatte, seine Brüder, denen er von seinem Erlebnis erzählt hatte, den Männern und Frau-
en des Stamms in einem Spiel zu zeigen, was geschehen war.

So schlug einer sacht die Trommel, das war der Herzschlag der Natur. Zwei andere mimten die Jäger, die
vergebens nach dem Wild suchten. Ein vierter stellte im Tanz dar, wie er die Spuren des Rehs fand, und
ein weiterer ahmte auf einer kleinen Flöte den Wind
nach, der dem Jäger den Geruch des Rehs zutrug.

Der Jäger aber, der das Reh gefunden hatte, spielte

## DER TANZ DER REHE

nun selbst das Reh. Er bewegte sich und sprang so anmutig wie das Reh, ahmte nach, wie es gelauscht und dann seinen Kopf wie zum Dank geneigt hatte, weil der Jäger es nicht getötet hatte. Da waren sich alle Stammesangehörigen einig, daß es richtig gewesen war, das Reh am Leben zu lassen. Doch sie wußten auch, daß sie in alle Zukunft Rehe jagen müßten, um sich ernähren zu können und selbst am Leben zu bleiben. Darum beschlossen sie, vor jeder Jagd den Rehtanz aufzuführen, aus Dankbarkeit und als Bitte um Verzeihung.

Zwei Männer spielen die Trommel, ein dritter die Flöte, zwei andere die Jäger und ein sechster das Reh. Und einer der Trommler singt: »Bruder Reh, verzeih uns. Wir müssen dich töten, damit wir zu essen haben. Aber wenn wir sterben und zur Erde zurückkehren, werden wir wiederkommen – als Grashalme, als Pflanzen und Früchte –, und dann werden deine Nachkommen sich an uns laben.«

# Nehuan
## ni tehuan

Nehuan ni tehuan – tehuan ni nehuan!
Das ist in unserer Sprache ein geflügeltes Wort. Es bedeutet »Ich bin du und du bist ich« und bedeutet, daß man sich gegenseitig achten und respektieren und einander nichts Böses antun soll; denn sonst fällt es irgendwann auf einen selbst zurück. Das mußte auch der Hase lernen, der in unseren Legenden ein sehr eigensüchtiges Tier ist. Und das kam so: Einmal hat der Hase beschlossen, reich zu werden. Aber wie? Denn arbeiten wollte er nicht, und deshalb mußte er sich sehr beim Denken anstrengen. Als eine Kakerlake vorbeispazierte und ihn begrüßte, kam ihm eine Idee.
»Hallo, du da, ich brauche unbedingt zehn Pesos. Ich bin Bauer und werde im nächsten Jahr sehr viel Mais ernten, aber im Moment bin ich etwas knapp an Saatgut. Wenn du mir jetzt zehn Pesos gibst, be-

kommst du dafür nach meiner Ernte eine ganze Tonne Mais zurück.«

Die Kakerlake dachte bei sich, das sei ein sehr gutes Geschäft, gab dem Hasen zehn Pesos und ging ihres Weges. Das war leicht, dachte sich der Hase, und ging zu einem Hahn.

»Guten Tag, mein lieber Hahn! Ich bin Bauer und brauche dringend zehn Pesos, denn ich will viel Mais aussäen, damit ich im nächsten Jahr eine große Ernte habe. Wenn du mir jetzt zehn Pesos gibst, werde ich dir dafür eine ganze Tonne Mais zurückgeben!«

Das schien auch dem Hahn ein gutes Geschäft, und er gab dem Hasen das Geld.

Wie leicht das war, dachte sich der Hase, und er sprach einen Kojoten an, erzählte ihm die gleiche Geschichte. Auch der Kojote gab ihm zehn Pesos.

Sogar den schlauen Kojoten habe ich überzeugt, freute sich der Hase, und wurde schon ziemlich übermütig. Kurz darauf begegnete er einem Jaguar.

»Was treibst du so, Hase?« fragte der Jaguar, und er schaute etwas hungrig drein.

»Ich suche jemand, der mir zehn Pesos gibt, damit ich viel Mais pflanzen kann. Im nächsten Jahr zahle ich dann eine Tonne Mais zurück.«

Der Jaguar überlegte, daß er das gut gebrauchen könnte.

»Ich mache es, ich gebe dir zehn Pesos. Aber vergiß nicht, mir die Tonne Mais zu liefern!«

## Nehuan ni tehuan

»Nein, nein, natürlich nicht«, versicherte der Hase und lief eilig davon.

Am Flußufer traf er auf den Jäger, und nun packte ihn der Größenwahn.

»Jäger, ich habe ein gutes Geschäft für dich!«

»Was für ein Geschäft?« fragte der Jäger und zielte mit dem Gewehr auf den Hasen.

»Schieß nicht auf mich, dann tue ich dir auch etwas Gutes«, sagte der Hase. »Wenn du mir zehn Pesos gibst, bekommst du im nächsten Jahr eine Tonne Mais von mir. Jeder hier kann dir sagen, wieviel Mais ich anbaue.«

*Was man verspricht, muß man halten.*

Der Jäger kam zu dem Entschluß, daß dies ein gutes Geschäft war, und rechnete schon seinen Profit aus.

»Gut, ich gebe dir zehn Pesos. Aber vergiß nicht, mir rechtzeitig eine Tonne Mais bereitzustellen, sonst wirst du mich kennenlernen!«

»Keine Sorge, das klappt schon«, antwortete der Hase.

Er war sehr zufrieden mit sich. Fünfzig Pesos waren damals viel Geld, und nun fühlte sich der Hase richtig reich. Natürlich dachte er nicht daran, ein Feld zu bestellen, denn jetzt hatte er ja Geld und brauchte nicht zu arbeiten.

So ging das Jahr ins Land, das Wetter war sehr schön,

der Mais gedieh überall prächtig, und nach der Ernte quollen die Scheunen über. Aber keiner seiner Gläubiger hörte etwas von dem Hasen.

Da gingen die Kakerlake, der Hahn, der Kojote, der Jaguar und der Jäger zu ihm und forderten die versprochene Tonne Mais. Der Hase vertröstete sie alle auf einen bestimmten Tag, an dem sie, jeder zu einer bestimmten Uhrzeit, den Mais bei ihm abholen sollten.

Zuerst erschien die Kakerlake: »Wo ist mein Mais?« »Guten Tag, nimm doch Platz, sogleich ... Ach, da kommt schon der Hahn, wie dumm. Kriech geschwind unter diese Kiste, sonst wird er dich noch fressen!«

Sofort und voller Angst verkroch sich die Kakerlake unter der Kiste, und der Hahn stolzierte herein.

»Wo ist mein Mais?«

»Guten Tag«, sagte der Hase, »sogleich hole ich ihn. Vielleicht willst du derweil einen Imbiß – unter dieser Kiste ist eine Kakerlake, sie schaut lecker aus.«

Sofort suchte der Hahn die Kakerlake, fraß sie, bedankte sich beim Hasen für den Tip und verlangte: »Nun aber meinen Mais!«

»Ist schon unterwegs«, sagte der Hase, »ach, da kommt ja der Kojote, dein ärgster Feind, wie dumm. Flieg schnell auf das Dach, sonst wird er dich noch fressen!«

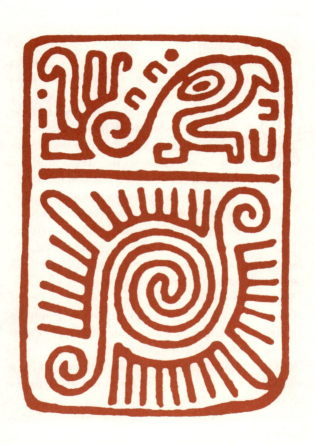

Sofort und voller Angst flog der Hahn aufs Dach, und schon war der Kojote da.
»Wo ist mein Mais?«
»Guten Tag«, sagte der Hase, »sogleich hole ich ihn. Auf dem Dach hat sich übrigens ein leckerer Hahn versteckt, vielleicht magst du ihn?«

Der Kojote sprang aufs Dach, fraß den Hahn, bedankte sich beim Hasen und verlangte: »Nun aber meinen Mais!«
»Gerne«, sagte der Hase und sah nach draußen, »oj, da kommt der Jaguar. Schlüpf schnell unter das Bett, sonst wird er dich noch fressen!«

*Böses fällt leicht auf einen selbst zurück.*

Sofort und voller Angst versteckte sich der Kojote unter dem Bett. Der Jaguar betrat von einer beschwerlichen Reise kommend mit müdem Schritt die Hütte.
»Wo ist mein Mais?«
»Guten Tag«, sagte der Hase, »sogleich hole ich ihn, du siehst hungrig aus. Unter dem Bett liegt ein Kojote, da kannst du dich stärken.«
Der Jaguar fraß den Kojoten, bedankte sich und sagte, daß er nun ein wenig ruhen wolle: »Inzwischen holst du meinen Mais!«
»Aber gewiß doch«, sagte der Hase, und der Jaguar schlief ein.
Derweil tauchte der Jäger an der Hütte auf und forderte seinen Mais.

## Nehuan ni tehuan

»Guten Tag«, sagte der Hase, »drinnen liegt ein Jaguar, vielleicht magst du sein Fell.«

Der Jäger ging in die Hütte, erschoß den Jaguar, zog ihm das Fell ab, bedankte sich und verlangte: »Und jetzt meinen Mais!«

»Sofort, ich hole ihn«, sagte der Hase und wollte sich davonmachen. Doch der Jäger packte ihn bei den Löffeln: »Eins nach dem andern. Zuerst will ich noch das Fleisch vom Jaguar.« Und er schnitt den Bauch des Jaguars auf und fand den Kojoten, in dem Kojoten den Hahn und in dem Hahn die Kakerlake. Da begriff der Jäger, was passiert war und wie der Hase alle belogen und betrogen und gar keinen Mais angebaut hatte. Da tötete er den Hasen und nahm ihn als Braten für seine Familie mit nach Hause.

*Nehuan ni tehuan – tehuan ni nehuan!*

# ÜBER DIE ANGST
## ZU SIEGEN

Es war einmal eine kleine Fledermaus, die mit ihren Eltern und vielen anderen Fledermäusen in einer großen dunklen Höhle lebte. Nachts flogen sie aus in die Weite der Natur, schwirrten durch die Luft, stießen ihre hellen unhörbaren Laute aus und fingen Fliegen.

Daran hatte die kleine Fledermaus große Freude, aber sie war auch ein neugieriges Kind und ungeduldig. Sie wollte wissen, wie es am Tag und im Licht da draußen aussah. Doch die Eltern und alle anderen Fledermäuse erklärten ihr immer wieder, daß sie es nicht wüßten, denn die Sonne und der Tag seien die größten Feinde der Fledermäuse, und wenn man hinausflöge, werde man sterben.

Die kleine Fledermaus wollte es nicht glauben. Vielleicht gab es ja am Tag viel schmackhaftere Mücken und Fliegen? Vielleicht könnte man da ja noch ganz

## ÜBER DIE ANGST ZU SIEGEN

andere Dinge erleben? Immer wieder flog sie auch am Tag zum Ausgang der Höhle, aber sie konnte das Licht nicht ertragen, die Sonne blendete sie zu stark. Sie bekam Angst und flog zurück in die Dunkelheit. Die Sonne war ihr größter Feind. Die kleine Fledermaus dachte darüber nach, wie sie die Sonne besiegen könnte. Sie sprach mit den alten und den uralten Fledermäusen und bat sie um Rat. Aber sie wußten keinen.

Dann ging sie zu den jungen Fledermäusen und forderte sie auf: »Laßt uns die Sonne besiegen!«

Aber die antworteten ihr: »Die Sonne werden wir nicht besiegen. Sie ist stärker als wir!«

Dann muß ich es allein versuchen, sagte sich die kleine Fledermaus. Kurz bevor die große Sonne unterging und schwächer wurde, versuchte sie, viel Wasser gegen sie zu schleudern, um sie damit auszulöschen.

Aber die Sonne ging am nächsten Tag genauso stolz und mächtig auf, und die anderen Fledermäuse verspotteten sie.

Dann schleppte sie ganz tief aus der Höhle Eisbrocken heran und schleuderte sie aus dem dunklen Eingang der Höhle gegen die Sonne.

Aber am nächsten Morgen leuchtete die Sonne so hell wie alle Tage zuvor, und die anderen Fledermäuse lachten über die kleine Fledermaus.

Sie gab aber nicht auf und versuchte es mit anderen

## ÜBER DIE ANGST ZU SIEGEN

Tricks, aber sie konnte die Sonne nicht auslöschen und wagte es nicht hinauszufliegen ins Licht; denn sie hätte ja sterben können. Aber ihre Sehnsucht, dort draußen zu sein und die Welt auch bei Tag zu sehen, wuchs.

Als sie endlich erkannte, daß man die Sonne nicht besiegen kann, rief sie ihr entgegen: »Ich kann dich nicht auslöschen, ich kann dich nicht besiegen, aber ich habe keine Angst mehr vor dir, denn ich habe keine Angst zu sterben!«

Und sie flog hinaus in den Tag, das Licht und die Sonne. Die Fledermäuse drängten sich am Rand der Höhle, voller Angst, denn nun, darüber waren sie sich einig, würde ihre kleine Schwester sterben.

Doch ihre Schwester Fledermaus starb nicht. Sie schwirrte durch den Tag im Schatten der Bäume und war glücklich, denn sie hatte ihren größten Feind besiegt: die eigene Angst.

# MIKISTLI

Bei uns zu Hause in Mexiko ist der Tod nichts, wovor man sich fürchten muß. Er ist Teil des Lebens. Wir sind sicher, daß in der Natur nichts stirbt. Es verändert nur seine Form, alles verändert sich. Darum gibt es in der Sprache der Azteken, die Nahuatl heißt, auch kein Wort für den Tod. Man sagt Mikistli, und das bedeutet Ruhe.

Wenn jemand stirbt, ist das auch kein Grund zu trauern, sondern einer zu feiern. In Michoacan wird jedes Jahr Anfang November tagelang ein großes Fest mit vielen bunten Blumen, Früchten, Masken, Kerzen, Weihrauch und Speisen gefeiert, die den Verstorbenen gefallen und geschmeckt haben. Drei Tage darf niemand diese Gaben auf dem Altar berühren oder kosten, aber am vierten – das ist eine heilige Zahl – wird alles geteilt und verzehrt.

Es war einmal ein Mann, dem war das ganz gleichgültig. Er war faul und wollte nicht arbeiten, so daß er seiner Frau nichts mitbringen konnte, womit sie

hätte einen Altar schmücken und Speisen zuberei-
ten können. Alle anderen haben ihre Altäre ge-
schmückt und gesungen, getanzt und gebetet und
mit ihren Toten gesprochen. Da hat seine Frau zu
ihm gesagt: Denk doch an deine Eltern. Aber dem
Mann war das gleichgültig, und er ist in den Wald
gegangen und hat geschlafen. Da hatte er einen
Traum. Er sah, wie die Toten in einer Prozession an
ihm vorbeigingen, Kinder und Alte, Frauen und
Männer, und sie waren fröhlich, hatten Blumen und
Speisen, die wunderbar dufteten. Auch seine Eltern
waren darunter. Sie sahen als einzige sehr traurig aus
und waren mager und hatten nichts zu essen außer
einem bißchen Gemüse und etwas Wasser.
Der Mann konnte sich nicht vorstellen, was der
Traum bedeutete. Aber er hatte ihn beunruhigt, und
so eilte er rasch nach Hause.
»Was für einen Altar hast du gemacht?« fragte er
seine Frau.
»Du hast mir nichts gebracht«, antwortete sie
bekümmert, »so konnte ich nur ein bißchen wildes
Gemüse und Wasser daraufstellen.«
Da schämte sich der Mann sehr und wunderte sich,
wie er nur seine Eltern hatte vergessen können. Und
er nahm sich vor, im nächsten Jahr viele köstliche
Speisen bereitzustellen und alles gut und richtig zu
machen.
Er hat aber das nächste Jahr nicht erlebt, weil er ge-

## MIKISTLI

storben ist. Und er hat gewußt, daß da, wo er jetzt
hingehen würde, seine Eltern nicht auf ihn warten
würden, um ihm den weiteren Weg zu zeigen.
Nie dürfen wir unsere Traditionen vergessen, denn
sie sind die Kultur des Menschen, und wenn man sie
mißachtet, wird man sich selbst vergessen.

## Die sechste Ebene

# Die
# sechste Ebene

Wenn wir zur Erde zurückkehren, wird unser Körper zur Saat, aus der neues Leben erwächst und in der unsere Energie weiterlebt. Wir gehen durch neun verschiedene Ebenen mit vielen Hindernissen, die wir überwinden müssen, um zur letzten Ebene zu gelangen, wo Erleuchtung und Licht auf uns warten und ein neuer Kreislauf beginnt.
Auf der siebten Ebene ist das Hindernis ein großer See voller Krokodile, den nur ein Tier überwinden kann; das ist unser Bruder Hund, weil er so treu und dadurch unangreifbar ist.
Es war einmal ein Mann, der hatte einen wunderschönen Hund. Dieser war reinlich, gut und anhänglich, aber auch ein eigenwilliges Wesen, wie es die Art eines jeden ist; das wollte sein Herr nicht verstehen. Denn der Mann wünschte sich einen Sklaven, der nach seiner Pfeife tanzte; es wider-

## DIE SECHSTE EBENE

strebte ihm, die Eigenart des Tieres zu respektieren.
Er schnitt ihm den Schwanz ab, damit der Hund
hübscher aussehe. Er schnitt ihm die Ohren ab, weil
er nicht brav genug hörte. Das tat dem Hund sehr
weh, aber den Mann kümmerte es nicht.

Dann ist der Mann gestorben, und weil er ein tüchtiger Mensch war, hat er die Hindernisse bis zur siebten Ebene auch gut überwunden, aber dort traf er seinen Hund, der ihn mit traurigen Augen anblickte.

»Kennst du mich noch?« fragte der tüchtige Mann.

»Und ob ich dich kenne«, antwortete der Hund.

»Warum weinst du dann?«

»Weil ich dich liebte«, sagte der Hund. »Du hast mir
den Schwanz abgeschnitten und mich mit Füßen getreten, du hast mir die Ohren abgeschnitten und mir
kein Futter gegeben, und dennoch liebe ich dich.«

»Warum weinst du dann?« fragte der Mann.

»Weil du das Wasser mit den Krokodilen nur überwinden kannst, wenn du dich auf meinen Schwanz
setzt und an meinen Ohren festhältst. Aber ich habe
keinen Schwanz mehr und keine Ohren, du hast sie
abgeschnitten, und ich kann dich nicht mehr über
den See bringen, obwohl ich dich liebe.«

Der Hund schwamm unbehelligt durch den See mit
den vielen Krokodilen zum anderen Ufer. Der Mann
blieb am diesseitigen Ufer zurück. Er hatte Tränen
in den Augen, aber es war zu spät. Er mußte in alle
Ewigkeit an diesem Ort verharren.

# WIE EIN EINGEBORENER
# MEXIKOS DENKT

Es war einmal ein alter Mann, den alle im Dorf verehrten. Von seinen Vorfahren hatte er gelernt, kunstvolle kleine Körbchen zu flechten. Dazu benutzte er die Halme und Blätter von Gräsern, die er mit Farben aus Pflanzen und Erde, aus Muscheln und Insekten färbte. Daraus entstanden viele kleine Kunstwerke mit bunten Mustern und Figuren, jedes anders und mit viel Liebe und Phantasie hergestellt.
Diese Arbeit erforderte mühsame Vorbereitungen und viel Zeit, so daß er meist nur sechs und an guten Tagen auch einmal acht Körbchen fertigstellen konnte. Die trug er in das nächste Dorf, um sie dort auf dem Markt zu verkaufen. Nicht immer gelang ihm das. Manchmal fand er nur wenige Kunden, manchmal verkaufte er überhaupt nichts, und manchmal mußte er mit dem Preis heruntergehen, um überhaupt eines seiner hübschen Körbchen loszuwerden.

## WIE EIN EINGEBORENER MEXIKOS DENKT

Trotzdem war der alte Mann immer freundlich und zufrieden, denn er hatte noch ein kleines Maisfeld, das ihn ernähren konnte.

Zur gleichen Zeit lebte in einer Stadt in Amerika ein weißer Mann, der als Verkäufer in einem Schuhgeschäft arbeitete. Doch seine Arbeit gefiel ihm nicht, er war unzufrieden und hatte nur einen großen Traum: Er wollte einmal Mexiko besuchen.

Darum sparte er soviel es ging von seinem geringen Lohn und lernte auch ein wenig Spanisch. Und eines Tages hatte er tatsächlich so viel Geld beisammen, daß er sich seinen Wunsch erfüllen und Ferien in Mexiko machen konnte.

Da kam er auch auf den Markt des kleinen Dorfes, in dem der von allen verehrte alte Mann seine Körbchen zum Verkauf feilbot. Sie gefielen ihm sehr gut, so daß er den alten Mann fragte: »Wieviel kostet ein Stück, Señor?«

Langsam, ohne ihn anzusehen und mit der Ruhe der Menschen, die weder Furcht noch Angst kennen, antwortete der alte Mann: »75 Centavos, Señor.«

Der weiße Mann nahm seinen Taschenrechner heraus und stellte eine Rechnung auf: 1 Dollar macht 8 Pesos, 1 Peso hat 100 Centavos, dann sind 75 Centavos 18 Cents. Das ist billig für so wunderschöne Körbchen! dachte er.

»Und wenn ich zwei kaufe, bekomme ich sie dann billiger?«

## WIE EIN EINGEBORENER MEXIKOS DENKT

»Nun gut, Señor, ich gebe ihnen beide für einen Peso dreißig«, sagte der alte Mann, der an diesem Tag
noch nichts verkauft hatte.

Sicher – dachte sich der schlaue weiße Mann –, sicher könnte ich ihn auch auf einen Peso herunter-
handeln, aber der Alte, na ja, soll auch etwas ver-
dienen. Und er kaufte die beiden Körbchen und
fühlte sich sehr gut, weil er dem alten
Mann geholfen hatte.

Als er wieder zu Hause war, schenkte er die Körbchen seiner kleinen
Tochter und ging wieder zu seiner Arbeit, die ihm gar keine Freude machte. Für die paar Dollar am Tag plagte
er sich als Verkäufer, und sein Chef

*Gute Arbeit
schenkt
Zufriedenheit.*

wurde reich dabei! Der Mann war jetzt noch unzu-
friedener als zuvor.

Der alte Mann in Mexiko bekam für seine Körbchen
höchstens drei, vier Pesos, das ist kaum ein halber
Dollar am Tag, und verbrachte viele Stunden damit,
das Material dafür zu sammeln und zu färben, es zu
flechten und die Körbchen dann zu verkaufen. Doch
er war zufrieden, denn seine Arbeit machte ihm
Freude, und sein kleines Maisfeld ernährte ihn,
auch wenn er einmal nichts verkauft hatte. Die kleine Tochter des weißen Mannes schenkte eines der
Körbchen ihrer besten Freundin. Voller Freude
brachte das Mädchen es nach Hause und zeigte es

## WIE EIN EINGEBORENER MEXIKOS DENKT

seinem Vater. Der war Schokoladenfabrikant und gleich eingenommen von der Schönheit des kleinen Kunstwerks: In solchen Körbchen könnte ich meine Süßwaren noch viel besser verkaufen, dachte er, denn er war ein tüchtiger Geschäftsmann. Und sofort rief der Schokoladenfabrikant den Schuhverkäufer an und vereinbarte mit ihm einen Termin.

Am nächsten Tag trafen sie sich, und der Fabrikant sagte: »Ich könnte zwanzigtausend Stück von diesen Körbchen gebrauchen. Können Sie mir so viele besorgen?«

Der Verkäufer wurde ganz aufgeregt, denn endlich sah er eine Chance, ein großes Geschäft zu machen, und seine Antwort war klar: »Selbstverständlich.«

»Was kostet das pro Stück?«

Um Zeit zu gewinnen und keinen Fehler zu machen, sagte der Verkäufer schlau: »Es ist weit weg, da wo die Körbchen angefertigt werden, es ist eine lange Reise dahin, und natürlich muß ich auch an meine Auslagen denken. Nennen Sie mir einen Preis.«

»Na ja«, meinte der Fabrikant, »natürlich sind das kleine Kunstwerke, das sieht jeder. Aber ich verkaufe keine Kunst, ich verkaufe Schokolade. Sagen wir also, ich bezahle pro Stück 1,75 Dollar und übernehme dazu Ihre Kosten.«

Der Mann, der in Mexiko gewesen war, konnte es nicht glauben, und in seinem Kopf ratterte es wie eine Rechenmaschine: Wahnsinn, ich werde reich!

## Wie ein Eingeborener Mexikos denkt

Der Schokoladenfabrikant verstand die Überraschung im Gesicht des Schuhverkäufers falsch und dachte, sein Angebot sei zu niedrig. So schlug er ihm vor: »Nun gut, 2,05 Dollar und alle Nebenkosten. Das ist mein letztes Wort.«
Der »Mexikoexperte« erklärte sich einverstanden. Aber er fühlte sich ganz schwach. Seine Beine zitterten, und er konnte es gar nicht fassen, daß man so einfach von einem auf den anderen Tag reich werden konnte. Sofort ging er zum Besitzer des Ladens, in dem er so viele Jahre widerwillig Schuhe verkauft hatte, und machte all seinem über Jahre angestauten Ärger Luft. Natürlich werde er nicht eine Minute länger für diesen Hungerlohn arbeiten! Jetzt werde er selbst zum Millionär! Es war ein großer Tag, ein Triumph.

*Man soll nichts überstürzen.*

Von der Anzahlung, die der Schokoladenfabrikant geleistet hatte, kaufte er gleich all die Dinge, die er sich so lange gewünscht hatte und sich nie leisten konnte. Dann trat er seine Reise nach Mexiko an und ließ es sich an nichts fehlen, denn nun hatte er ja Geld.
So kam er wieder in das kleine Dorf. Auf dem Markt saß still der alte Mann mit seinen Körbchen, am selben Platz und in derselben Haltung. Es war, als sei

WIE EIN EINGEBORENER MEXIKOS DENKT

die Zeit stehengeblieben. Zielstrebig ging der Amerikaner auf ihn zu.

»Guten Tag, kennen Sie mich noch?«

Der Alte nickte.

»Ich bin wieder in diesem schönen Land, um mit Ihnen ein tolles Geschäft zu machen. Was würden Sie sagen, wenn ich Ihnen zwanzig von diesen schönen Körbchen abkaufe – was kostet dann das Stück?«

»75 Centavos, Señor.«

»Aber das letzte Mal habe ich 65 Centavos bezahlt!«

»Gut, dann gebe ich sie Ihnen auch heute für 65 Centavos.«

Es klappt, dachte sich der weiße Mann, genau wie ich es mir vorgestellt habe!

»Wenn ich nun fünfzig kaufe, was ist dann Ihr Preis?«

»Weil wir uns nun schon kennen, gebe ich Ihnen auch fünfzig für 65 Centavos.«

»Nein«, sagte der Amerikaner, »das kann nicht sein. Wenn ich doppelt so viele nehme, dann müssen Sie den Preis auch billiger machen. Sagen wir 55 Centavos pro Stück.«

»Nein, Señor«, entgegnete der alte Mann. »Es kostet genau gleich viel, und das nur, weil wir uns schon kennen.«

»Nun gut«, sagte der weiße Mann, »wieviel kostet ein Stück, wenn ich Ihnen tausend abnehme?«

»Tausend Stück – wieviel sind tausend, Señor?«

## WIE EIN EINGEBORENER MEXIKOS DENKT

»Ziemlich viel«, meinte der Amerikaner. »Wenn Sie dann pro Stück 40 Centavos bekommen, haben Sie 400 Pesos. Aber stellen Sie sich vor, ich möchte von Ihnen zwanzigtausend Stück kaufen! Wieviel kostet dann das einzelne Stück?«

Der alte Mann, ohne überrascht zu sein, fragte nur: »Zwanzigtausend – wieviel sind zwanzigtausend Stück?«

Der Amerikaner versuchte, es zu erklären. Aber es war unmöglich, und so sagte er zum Schluß: »Heute, wenn Sie nach Hause gehen, sprechen Sie mit Ihrer Familie. Bestimmt weiß irgend jemand, wieviel zwanzigtausend Körbchen sind. Oder sagen Sie ihnen, daß ich bereit bin, für zwanzigtausend Körbchen 7000 Pesos zu zahlen. Das verstehen sie sicher!«

Am nächsten Tag wartete der weiße Mann schon auf dem Marktplatz, um mit dem von allen verehrten Greis zu sprechen.

»Hallo, wissen Sie jetzt, wieviel zwanzigtausend Körbchen sind?«

Der Alte nickte.

»Wieviel würde dann das Stück kosten?«

»20 Pesos, Señor.«

»Was?« Dem Amerikaner verschlug es den Atem. »Das kann doch nicht Ihr Ernst sein!« Denn in seinem Kopf rechnete er schon wieder: Dann würde er kaum ein Zehntel Dollar Gewinn machen, und er

## Wie ein Eingeborener Mexikos denkt

hatte doch mit zwei Dollar Profit pro Stück gerechnet. »Wenn ich Ihnen so viele abkaufe, können Sie doch nicht pro Körbchen 20 Pesos verlangen!«
Der alte Mann, den alle verehrten, blieb ganz unbewegt und antwortete: »Selbstverständlich, Señor, das ist doch sehr einfach. Alle diese Körbchen, die Sie von mir wollen, könnte ich niemals in meinem Leben herstellen, auch wenn ich Tag und Nacht arbeiten würde. Jede Farbe, jede Form, jedes Stück ist ein Teil von mir. Ich gebe viel Liebe, wenn ich diese Körbchen mache. Wenn ich so viele anfertigen müßte, Tag und Nacht, würde es mir keine Freude mehr bereiten, und ich habe immer Freude an meiner Arbeit gehabt. Für so viele Körbchen müßte ich dann die ganze Familie, das Dorf und die Korbmacher aus anderen Dörfern zur Hilfe holen und sie bezahlen, damit sie nicht Hunger leiden. Ich müßte auch die Leute entlohnen, die dann für sie auf den Maisfeldern arbeiten, die Tiere versorgen, uns das Essen kochen und mit unseren Kindern spielen. Denn dazu haben wir ja keine Zeit mehr, wenn wir tagaus, tagein Gräser färben und Körbchen flechten müssen. Darum muß ich für ein einzelnes Körbchen 20 Pesos verlangen, das sehen Sie doch ein.«

*Ein Leben in Frieden ist mehr als ein reiches Leben.*

## Wie ein Eingeborener Mexikos denkt

Der Amerikaner redete auf den alten Mann ein, denn es konnte doch nicht sein und war ganz unlogisch, daß man für höhere Stückzahlen keinen Rabatt bekam, sondern im Gegenteil noch so viel mehr bezahlen sollte!
Aber es half nichts, und er wollte schon nachgeben, um aus seinem großen Geschäft wenigstens ein paar Cents zu retten, mit denen er seine Schulden bezahlen konnte.
Da blickte der Alte auf und sagte: »Señor, ich habe es mir anders überlegt. Sie können die zwanzigtausend Körbchen zu keinem Preis bekommen.«
»Warum nicht?« schrie der Amerikaner entsetzt.
»Weil, wenn ich es mir recht überlege, es so lange dauern wird, bis die Körbchen fertig sind. Wir werden keine Zeit haben zum Lachen und keine Zeit für Feste. Wir wären darüber traurig, und die Arbeit würde uns keinen Spaß machen. Alle, die an den Körbchen arbeiten, würden die Freude daran verlieren. Dann fangen wir an, uns zu streiten, und haben uns nicht mehr lieb; und auch, wenn wir etwas geschafft haben und fertig sind, reden und feiern wir nicht mehr miteinander. Nein, Señor, das ist die Sache nicht wert. Unsere Familie ist viel wichtiger, Señor, als das ganze Geld, das Sie uns geben können.«
Der weiße Mann sah, daß es dem weisen Alten ernst und das letzte Wort gesprochen war. Seine Beine

## WIE EIN EINGEBORENER MEXIKOS DENKT

wurden wieder weich, und er mußte sich setzen. Die Träume vom Reichtum waren mit einemmal verflogen.

»Hasta la vista!« hörte er den alten Mann sagen, der still seine übriggebliebenen Körbchen einsammelte und ruhig nach Hause ging zu seiner Familie und seinem Maisfeld.

Der Amerikaner mußte zurück in seine Stadt, sich bei seinem Chef entschuldigen und ihn bitten, doch wieder Schuhe verkaufen zu dürfen. Und dem Schokoladenfabrikanten mußte er erklären, woran das für beide so lukrative Geschäft gescheitert war.

# Kenne
# deinen Körper

Du bist dein eigenes Universum, du hast deinen eigenen Mikrokosmos. Betrachte nur deinen Körper, denn du besitzt eine Fülle des Lebens, von der du kaum etwas ahnst.

Dein Herz ... Es schlägt, ob du schläfst oder wachst, dreißig Millionen Takte im Jahr, und dein Blut pulsiert durch achtzigtausend Kilometer Arterien und Venen in die Gefäße des Lebens.

Deine Augen ... Tausend winzige Rezeptoren zeigen dir das Lachen eines alten Menschen, den Sonnenaufgang und den Himmel mit Myriaden von Sternen.

Deine Ohren ... zwanzigtausend feine Teilchen lassen dich den Gesang der Vögel und den Herzschlag der Geliebten hören.

Deine Lungen ... fünfhundert Millionen fleißige Bläschen filtern für dich aus der Luft den Sauerstoff, den Atem des Lebens.

## KENNE DEINEN KÖRPER

Dein Gehirn ... Zehn Milliarden Nervenzellen machen, daß du denken, wissen und fühlen kannst.

Deine Beine ... Dreihundert Muskeln bringen dich dahin, wo dein Liebster ist.

Dein Mund ... mit dem du lachen und singen kannst und deinen Freunden sagen, daß du sie liebst.

Deine Hände ... mit denen du musizieren kannst, Gedichte schreiben und Bilder malen, die deine Gefühle ausdrücken und deine Welt beschreiben.

Es ist wunderbar, ein Mensch zu sein.

Und du, liebe Schwester, machst, daß wir nicht nur wie Menschen aussehen, sondern auch menschlich fühlen, denken und handeln.

Du gibst uns Leben, wie die Mutter Erde, und der Boden, auf dem wir leben, ist unser Mutterland.

Männer brauchen euch, ihr Frauen, und ihr braucht uns. Darum sollen wir uns alle lieben.

Xokonoschtletl

# Was der Wind uns singt

## Indianische Weisheiten

# DIE WURZELN DER KAKTEENFEIGE

*Ein Vorwort von Heiner Uber*

Xokonoschtletl ist ein Indianer vom Stamm der Azteken aus Mexiko. Wörtlich übersetzt heißt Xokonoschtletl »Säuerliche und feurige Kakteenfeige«. Doch indianische Namen haben neben der wortwörtlichen eine noch viel wichtigere, weil symbolische Bedeutung. So heißt Xokonoschtletl frei übersetzt: »Der, der sehr tiefe Wurzeln hat und sich davon ernährt« oder auch: »Die Wurzeln der Kakteenfeige, die tief in den Boden hinabreichen«.

»Meine Wurzeln sind die Kultur, das Wissen und die Tradition meines Volkes, der Azteken«, hat er mir einmal erzählt. Kennengelernt habe ich ihn vor gut zehn Jahren. Xokonoschtletl war auf dem Weg von Mexiko nach Wien. Dort traf ich ihn, weil ich von seinem Anliegen erfahren hatte und darüber für »Die Zeit« einen Bericht schreiben sollte. Die Ursache für diese ungewöhnliche Reise eines Azteken liegt knapp fünfhundert Jahre zurück: »Cortez«, so stand es dann auch in der »Zeit«, »zieht mit seiner Soldateska mordend und plündernd durch das alte Aztekenreich. Eines seiner Beutestücke ist eine auf der

Welt mittlerweile einmalige Federkrone, die ihren Weg auf vielen Umwegen nach Wien fand. Hier hängt sie nun seit Jahrzehnten hinter Panzerglas als eine Art Mona Lisa der Altamerikasammlung im dortigen Völkerkundemuseum.« Für die Indianer gehörte diese Federkrone dem Aztekenherrscher Motekuhzoma, und vor allem: Sie gehört wieder dahin, wo sie herkommt – nach Mexiko.

Xokonoschtletl – von seinem Stammesrat dazu beauftragt – hat es sich zu seiner Aufgabe gemacht, diese Federkrone zurückzuholen. Seit nunmehr elf Jahren verfolgt er dieses Ziel: Immer wieder kommt er nach Europa, sammelt in Österreich landauf, landab Unterschriften, begibt sich auf den Museumsstufen in einen mehrtägigen Hungerstreik und kämpft mit indianischem Langmut gegen die Arroganz österreichischer Beamter und Politiker. Ich habe diese Aktionen als Journalist begleitet und darüber berichtet. Dabei haben wir uns besser kennengelernt – wir Weißen würden sagen, wir beide sind gute Freunde geworden. Doch das ist ein Begriff, der einem Lakota, einem Shoshone oder einem Hopi völlig fremd ist, sind wir doch alle Kinder unserer Mutter Erde und damit Brüder und Schwestern.

Seit dieser Zeit habe ich Xokonoschtletl häufig getroffen: hier in Europa und auch in Anahuak, wie er seine mexikanische Heimat nennt. Ein Grund dafür war auch die gemeinsame Arbeit an einem Buch:

»Medizin der Mutter Erde«. Es ist im gleichen Verlag wie das vorliegende erschienen und handelt vom alten Heilwissen der Indianer.
Manchmal habe ich erlebt, daß Xokonoschtletl ein oder zwei Stunden neben mir saß, ohne ein Wort zu sprechen. Höchstens, daß er zwischendurch sagte: »Das ist doch ein sehr schöner Tag, den wir heute genießen.« Ich nickte mit dem Kopf, und dann haben wir weiter über die Berge und in die Wolken geschaut. Ein andermal wiederum war er sehr gesprächig: »Die Berge, das sind doch unsere Brüder, die Wolken, das sind doch unsere Schwestern.«

*Nur wer sich Zeit nimmt, wird zu Weisheit kommen.*

Und dann erzählte er über Stunden hinweg alte indianische Märchen und Sprüche voll Weisheit, wie er sie von den Alten seines Stammes lernte. Er sang mir Lieder vor, übersetzte mir die Verse aus dem Nahuatl und erklärte mir ihre Bedeutung. Wir haben über den Adler gesprochen und über die Klapperschlange, über Tänze und über Zeremonien.
Vieles davon wurde von mir auf Zetteln notiert oder auf Band aufgenommen und dann niedergeschrieben. Zusammen mit Xokonoschtletl habe ich diese Aufzeichnungen vor einiger Zeit durchgesehen. Was ihm wichtig erschien, haben wir für dieses kleine Buch zusammengefaßt.

Wir haben alle die gleichen Eltern: Mutter Erde und Vater Sonne. Und so sind auch die Wolken und die Vögel darin, das Wasser der Flüsse und die Fische darin, die Berge und die Steine darin unsere Brüder. Ihr Weißen mögt darüber lachen, wenn wir Erdenmenschen mit unseren Brüdern sprechen. Und auch darüber mögt ihr lachen: Unsere Brüder Steine und Schlangen, unser Bruder Wind und Bruder Wolke sprechen mit uns. Es soll also keine Feinde geben. Denn wie könnten Geschwister Feinde sein? Deshalb gibt es in unserer Sprache auch kein Wort dafür. Als eure Ahnen in unser Land kamen, als sie unsere Männer töteten und unsere Frauen vergewaltigten, unsere Dörfer niederbrannten und unsere Felder zerstörten, nannten wir sie nicht »Feinde«. Amo iknikli haben wir sie genannt. Das bedeutet »Die Brüder, die nicht unsere Brüder sein wollen«.

Wißt ihr weißen Brüder, weshalb man uns Rothäute nennt? Nein, keinesfalls wegen unserer Hautfarbe. Als eure Ahnen von der anderen Seite des großen Meeres in dieses Land kamen, überraschten sie einige unserer Brüder bei einer sehr wichtigen Zeremonie, zu der sie ihren Körper mit roter Farbe bemalen. Damit schützen wir uns vor bösen Geistern, oder wie ihr Weißen sagt: gegen negative Energien. Rot ist für uns immer schon die bedeutendste Farbe gewesen – sie symbolisiert die Kraft, das Leben, die Medizin, unseren Bruder Feuer und unseren Vater Sonne. Wir benutzen rote Farben sehr oft, viele unserer Zeremoniengegenstände sind rot. Wie die Köpfe unserer Pfeifen, die aus rotem Stein geschnitzt werden. Oder die Tücher, in die wir unsere Pfeifen einpacken. Wenn wir zu wichtigen Besprechungen zusammenkommen, tragen wir ein rotes Stirnband. Unsere Weisen sagen, das schütze die eigenen Gedanken vor »nicht guter« Kraft, und es denke sich so besser.

# DER VEREHRTE KOJOTE, DER HUNGER HAT

*Die Geschichte von Nezahualkoyotl,*
*der Gedichte schrieb und von dem*
*wir wissen, daß er ein weiser Mann war*

Kommt zu uns ans Feuer und hört die Geschichte von Nezahualkoyotl: In der Zeit der Ahnen lebte in unserem Land ein weiser Mann. Er hieß Nezahualkoyotl. In eurer Sprache bedeutet sein Name »Der verehrte Kojote, der Hunger hat«. Ahnen haben ihn so genannt, weil sein Geist immerzu Hunger hatte: Hunger nach Wissen und vor allem Hunger nach Weisheit. Auch unser verehrter Herr und Fürst Motekuhzoma schätzte diesen Nezahualkoyotl sehr, weswegen er ihn zu seinem Berater erklärte.
Nezahualkoyotl war aber auch ein großer Baumeister und Architekt. So war es seine Idee, durch einen großen, aber flachen See eine Mauer zu bauen. In diesem See, der heute zugeschüttet und trockengelegt ist, befand sich auf einer Insel Tenochtitlan, unsere alte Hauptstadt und das Zentrum des Aztekenreiches. Heute befindet sich an dieser Stelle eine noch größere Hauptstadt – Mexiko-City.
Lange vor dieser Zeit sind in diesen See Flüsse von den Bergen ringsum geflossen. Einige von ihnen, vor

allem jene aus dem Norden, leckten auf ihrem Weg salzigen Sand von Mutter Erde ab, weshalb ihr Wasser bitter schmeckte. Das Wasser der Flüsse aus dem Süden schmeckte dagegen süß und frisch.

Nun ist es mit dem Wasser, wie es auch mit den Menschen ist. Wenn ein guter und ein schlechter Mensch sehr lange zusammen sind, dann wird sich der schlechte ein Vorbild am guten nehmen. Aber auch der gute Mensch ist in Gefahr, vom schlechten viele schlechte Eigenschaften zu lernen. Und so kam es auch mit dem Wasser aus dem Süden und dem Wasser aus den salzigen Flüssen des Nordens – es vermischte sich und schmeckte nicht mehr süß und frisch. Wie es bei den Menschen ist, wo die guten und die schlechten unter sich bleiben wollen, so soll es auch mit dem Wasser sein. Deshalb half Nezahualkoyotl dem Wasser, indem er eine Mauer quer durch den See baute, damit es sich fortan nicht mehr mischen konnte.

In unserem Volk spricht man immer noch mit großem Respekt vom »verehrten Kojoten, der Hunger hat«, denn Nezahualkoyotl war auch ein großer Dichter. Geschichten werden in unserem Volk nicht, wie bei euch weißen Brüdern, in Büchern aufgeschrieben, sondern von den Alten den Jungen erzählt. Einige davon sind Gedichte von Nezahualkoyotl. Ich will hier jene erzählen, die mir besonders gut gefallen.

*Ich, Nezahualkoyotl, frage:*
*Lebt man wirklich mit Wurzeln in der Erde?*
*Nicht für immer, nur ein bißchen hier?*
*Wenn auch Jade und Gold zerbricht,*
*wenn auch Keztalfedern zerreißen ...*
*nicht für immer, nur ein bißchen hier?*
*Alle müssen wir gehen,*
*zurück zur Mutter Erde heim,*
*wie eine Zeichnung im Sand*
*werden wir ausgelöscht,*
*wie ein Blume vertrocknen.*

• *Nezahualkoyotl*

Unsere Mutter Erde hat keine eckigen Brüder und keine eckigen Schwestern geboren: Die Bäume und deren Blätter, die Wellen und die Wirbel des Wassers, die Steine, die Wolken – alles ist rund. So ist der Kreis ein wichtiges Symbol für das Prinzip allen Lebens. Auch ein Kind ist ein Kreis, einerlei, ob es das Kind von Bruder und Schwester Adler, von Bruder und Schwester Bär oder von zwei Erdenmenschen ist. Denn es besteht aus dem Halbkreis des Vaters und dem Halbkreis der Mutter. Wird das Kind erwachsen und findet einen Mann oder eine Frau, so wird es selbst wieder zu einem Halbkreis, der einen neuen Kreis bildet. In unserer Sprache würden wir niemals die Person, mit der wir zusammen sind, als »Freund« oder »Freundin« oder als »meine Frau« oder »mein Mann« bezeichnen. In unserer Sprache nennen wir das Ometeotl, was soviel wie »Der Halbkreis, der mit mir zusammen ist« oder »Die Dualität, die mit mir zusammen ist« bedeutet.

Seid die Freunde eurer Kinder und vergeßt niemals, daß ihr selbst welche wart. Lehrt sie Gutes, denn die Zukunft liegt in ihrer Hand. Ihr Weißen sprecht immer davon, daß Kinder erzogen werden müssen. Doch schon das Wort »Erziehung« gefällt mir nicht. Ich sehe dabei ein Kind vor mir, an dem »gezogen« wird. Und an etwas ziehen bedeutet nichts anderes als Zwang. Bei uns Erdenmenschen wird dagegen gesagt: »Wir müssen den Kindern bei ihrer Entwicklung helfen.«

*Ich liebe den Gesang des Vogels*
*mit den vierhundert Stimmen,*
*die Farbe der Jade*
*und den Duft der Blumen.*
*Aber viel mehr noch liebe ich ihn:*
*meinen Bruder Mensch.*

• *Nezahualkoyotl*

»Warum«, werden meine Brüder und ich immer wieder gefragt, »habt ihr Indianer nicht das Rad erfunden?« Eine listige Frage, möchte man doch meinen, daß es für Menschen, die den Lauf der Sterne so genau berechnen konnten wie die Astronomen der Maya und der Azteken, ein leichtes sei, einen Wagen mit Rädern zu konstruieren. Waren wir Indianer also zu dumm, um das Rad zu erfinden? Ganz und gar nicht! Wer sich in unseren alten Bauwerken umsieht, wird immer wieder auf Räder stoßen. Das größte und bedeutendste ist der in Stein gemeißelte Kalender meiner Ahnen. In unserer Kultur symbolisiert das Rad den Kosmos, den ewigen Kreislauf von Vater Sonne und von Großmutter Mond und die Ewigkeit selbst. Und so frage ich: Wie darf man es wagen, das Symbol für Vater Sonne und Großmutter Mond zu mißbrauchen, indem man die Last eines Wagens auf ein Rad packt. Und eines noch: Ihr Weißen sprecht immer davon, daß die Erfindung des Rads ein großer Fortschritt war. Das mag für euch richtig sein. Doch ich stelle mir vor, ihr hättet es einfach vergessen. Es gäbe also keine Pferdekutschen und keine Autos, keine Eisenbahnzüge und keine Panzer. Und weil es dann für euch nicht so einfach gewesen wäre, in die Welt zu ziehen, wärt ihr vielleicht dort geblieben, wo ihr herkommt. Soviel ist sicher: Den schwarzen Brüdern in ihrem Land und meinen Brüdern wäre viel Leid erspart geblieben. Soviel ist sicher.

🌀 Die Entdeckung Amerikas, daß ich nicht lache! Oder würdet ihr Weißen es nicht auch zum Lachen finden, wenn ein Indianer zum erstenmal nach Stockholm käme und behaupten würde, er hätte Skandinavien entdeckt. Oder ein anderer, der vielleicht Berlin besucht, erzählen würde, er hätte Deutschland entdeckt. Woher nehmt ihr die Gewißheit, etwas entdeckt zu haben, was wir seit Jahrtausenden wußten: Daß es Anahuak gibt, das große Land, »wo viel Wasser herum ist« und das die Brüder Ojibwa »mishee mackinakong« nennen, »Der Ort, an dem die Schildkröte ihren Rücken aus dem Wasser hob«. Jenes große Land, das bei euch Amerika heißt. Wo es Erdenmenschen gibt, zu denen ihr Indianer sagt. Christoph Columbus hat sich geirrt: Er meinte, er sei in Indien angekommen, weshalb er uns Indianer nannte. Seit fast fünfhundert Jahren wißt ihr nun von diesem Irrtum, und ihr nennt uns immer noch so. Warum seid ihr nicht bereit, umzulernen? Wie reagiert wohl ein Engländer, wenn man ihn als Chinesen anspricht, oder ein Deutscher, den man als Türke bezeichnet? Also: Nennt uns »Erdenmenschen« oder Brüder Lakota, Pawnee, Hopi, Shoshone, Mapuche oder Aztek.

*Ihr weißen Brüder sagt, ihr seid die Krone der Schöpfung. Habt ihr denn vergessen, daß es euch ohne Mutter Erde gar nicht gäbe?*

# MUTTER ERDE, VATER SONNE, HIER SIND WIR

*Die »verehrte Alte des Wassers«*
*spricht, und wir tanzen, um Bruder Wind*
*und die Wolken zu verehren*

Das solltet ihr wissen, bevor wir über das Tanzen sprechen: Wenn ihr weißen Brüder zum Tanzen geht, dann hat das andere Gründe als bei uns Erdenmenschen. Ihr wollt einen Mann oder eine Frau kennenlernen, und ihr wollt euch einen Abend lang amüsieren. Und auch das ist wichtig: Eure Tänze haben keine symbolische, keine magische und keine religiöse Bedeutung.

Wenn wir also hier über unsere Tänze sprechen, vergeßt all das, was ihr Tanzen nennt. Unsere Tänze haben eine starke symbolische Bedeutung und eine starke magische Kraft. Vor jedem einzelnen Tanz sprechen wir deshalb mit Mutter Erde und fragen sie um Genehmigung, tanzen zu dürfen:

*Verehrte Mutter Erde – hier sind wir,*
*Jäger, Bauern, Schüler, Lehrer und Häuptlinge,*
*Kinder, Frauen, Männer und alte Menschen,*
*um dich zu verehren.*
*Im Namen unserer Ahnen*

*fragen wir um Erlaubnis*
*und benachrichtigen dich,*
*daß wir nun tanzen wollen.*
*Mit unseren Tänzen erinnern wir uns an dich,*
*wir wissen, daß wir deine Kinder sind,*
*und daß du uns nicht vergißt.*
*Wir sehen es, wir spüren es.*
*Mit unseren Schritten zeigen wir dir*
*unsere Dankbarkeit.*
*Und mit unserer Müdigkeit,*
*unserem Hunger und Durst*
*geben wir dir etwas zurück,*
*was du uns jeden Tag gibst.*

Erst wenn dieses Gebet gesprochen ist, beginnen wir mit unseren Tänzen. Damit wir unsere Mutter Erde besser spüren, tragen wir dabei keine Schuhe. Bei großen Zeremonien können die Tänze vier Tage lang, von Sonnenaufgang bis nach Sonnenuntergang, dauern. Während dieser Zeit dürfen die Tänzer weder essen noch trinken. Deshalb haben wir Hunger und Durst, und deshalb werden wir schwach und müde. Es gibt viele Tänze, die je nach Anlaß unterschiedlich getanzt werden, doch immer bewegen wir uns dabei im Kreis. Denn der Kreis symbolisiert den Kosmos und den Weg des Lebens aus Mutter Erde heraus und zu Mutter Erde zurück. Viele unserer Tänze sind sehr kompliziert, und es bedarf einer langjährigen Erfahrung, bis die Tänzer alle Schritte genau beherrschen. Das ist sehr wichtig, denn jeder Schritt hat eine bestimmte Bedeutung. So gibt es einen Tanz, bei dem sehr hohe astronomische und mathematische Kenntnisse nötig waren, um ihn richtig tanzen zu können. Er geht auf alte aztekische Zeiten zurück. Damals wurden bereits viele Wochen vor der Zeremonie von den Astronomen die Schrittfolgen festgelegt. Denn das Ergebnis komplizierter Multiplikationen aus der Zahl der Tänzer, der Zahl ihrer Schritte und den rhythmischen Schlägen der Trommeln entsprach dem Abstand von Großmutter Mond zur Mutter Erde zu genau jener Zeit, zu der der Tanz getanzt wurde.

Einige unserer Brüder singen laut unsere heiligen Gesänge, deren Worte sehr viel Kraft besitzen, andere blasen die Muschelhörner oder schlagen die Trommel. Beide Instrumente sind uns heilig. Das Muschelhorn, weil es die Unendlichkeit, die Trommel, weil ihr dumpfer Klang den Herzschlag von Mutter Erde symbolisiert. Und so nennen wir in unserer Sprache die Trommel wie den Baum, aus dessen Stamm sie gemacht wird: Aueuetl, »Die verehrte Alte des Wassers«.

*Unsere Tänze sind Gebete. Wir bedanken uns bei Mutter Erde: daß sie schon immer da war, gleich mit Vater Sonne und Bruder Wind und den Bergen, den Wolken, dem Regen.*

So haben uns die Ahnen gelehrt, eine Schwitzhütte zu bauen: Frage Mutter Erde, ob dies die richtige Zeit ist und der rechte Platz. Stecke dann Ruten im Kreis in den Boden, biege sie zusammen und bedecke sie mit dem Fell des Büffels. Grabe in der Mitte eine flache Mulde, entfache vor der Hütte ein Feuer, erhitze darin große, runde Steine, trage sie in die Hütte, bette sie in die Mulde, bespritze sie mit Wasser, laß Salbei und andere Kräuter verräuchern. Sprich keine unnötigen Worte, sei aufrichtig.

Wenn wir mit unseren Brüdern und mit unseren Schwestern in das »Haus der heißen Steine« gehen und dort meditieren, oder wenn ein Heiler einen Bruder oder eine Schwester von der bösen Kraft einer Krankheit befreit, hat das für uns große symbolische Kraft. Denn wir lassen in der Schwitzhütte unsere schlechten Gedanken und alle unguten Kräfte zurück. Während der Zeremonie sitzen wir alle im Kreis. Wir haben unsere Kleider und unseren Schmuck abgelegt, denn wir sind Kinder im Schoß von Mutter Erde. Es werden Lieder gesungen und Gebete gesprochen:

*Hier sind wir, gemeinsam und miteinander.*
*An einem Platz und uns so nah,*
*daß wir unseren Atem hören.*
*Hier werden wir geschützt vom Leib*
*unserer Mutter Erde.*

*Hier ist der Platz,*
*wo wir alle vier Elemente spüren:*
*die Erde, das Wasser, die Luft und das Feuer.*
*Wir sind mit Demut und Liebe gekommen,*
*um uns zu finden und um neu geboren zu werden.*
*Hier, zu diesem Platz der Kraft,*
*der Visionensuche, des Gesundseins.*
*Ometeotl, ewiger Dualismus,*
*hier sind wir mit großer Aufmerksamkeit,*
*wie wir auf die Erde gekommen sind:*
*ohne Kleider, ohne Schmuck,*
*ohne Rang, ohne Titel.*
*Ich möchte gerne alles erfahren und lernen,*
*damit ich zufrieden werde.*
*Und damit ich diese Zufriedenheit,*
*die in mir sein wird, weitergeben kann.*
*Ich rufe dich, Bruder Kojote, gib mir Kraft,*
*ebenfalls auch du, Bruder Bär,*
*und auch du, Bruder Puma,*
*ohne den Adler und die Schlange zu vergessen.*
*Aber gebt die Kraft nicht nur mir,*
*sondern gebt sie uns allen.*
*Denn wenn wir Kraft,*
*Zufriedenheit und Weisheit haben,*
*können wir sie weiter an alle geben.*

❂ Erst wenn du die Sprache eines Menschen verstehst, verstehst du seine Gedanken. Sprechen wir also über das Wort kualli. Wir sagen es, wenn etwas gut ist. Worte für »schlecht« oder »böse« gibt es in unserer Sprache nicht. Was in der Sprache der Weißen so bezeichnet wird, nennen wir akualli, das bedeutet »nicht gut«. Vielleicht liegt es daran, daß wir wissen, daß es nichts Schlechtes gibt. Denn wer »schlecht« oder in unserer Sprache »nicht gut« ist, hat in seiner Entwicklung das Gute nur noch nicht erkannt. Man sollte einen solchen Menschen trösten, denn er ist sehr arm.

Manchmal werde ich sehr wütend und zornig, wenn ich beobachte, wie die weißen Brüder unsere Mutter Erde behandeln. Einer meiner Brüder aus dem Norden nennt sie nur noch »Waldbrenner«, »Ozonbrenner«, »Kerosinbrenner«, »Uranbrenner«. Sie graben im Bauch von Mutter Erde nach Metall, sie spucken auf sie, wenn sie ihr schmutziges Wasser in die Flüsse und Seen schütten, sie schneiden ihr die Haare ab, wenn sie die Bäume fällen. Zuletzt wundern sich meine weißen Brüder, daß Mutter Erde krank und siech wird. Der schlimmste Satz in ihrer Religion lautet: »Macht euch die Erde untertan.« Doch ist es nicht ein Frevel, wenn ein Kind sich seine eigene Mutter untertan macht?

Doch mit Tadel wird Torheit nicht besser. Dann doch viel eher durch Lernen. Lernt also, die Sprache unserer Mutter Erde wieder zu verstehen, denn die habt ihr vergessen. Erst wenn ihr ihre Sprache versteht, versteht ihr ihre Gedanken.

*Der Adler schreit,*
*der Ozelot brüllt:*
*Hier ist Mexihko-Tenochtitlan,*
*hier ist, wo es Jadewasser gibt.*
*Ein Platz ohne Gewalt,*
*wo viele Farben sind*
*und wo es sich entwickelt.*
*Ich bin gekommen – schaut mich an:*
*Ich bin eine weiße Blume,*
*ich bin ein Fasan,*
*ich komme aus Akolhuakan.*
*Hört mir zu:*
*Ich werde meinen Gesang erheben,*
*denn ich bin gekommen,*
*um Motekuhzoma glücklich zu machen:*
*Laßt zu, daß es gut wird.*

• *Nezahualkoyotl*

◎ Viele von euch weißen Brüdern und viele von euch weißen Schwestern werden es nicht glauben, doch wir wissen: Bäume sind gute Wesen, und sie haben eine große Kraft. Einen sehr alten, sehr großen und uns heiligen Baum nennen wir Ueyi Aueuetl. Das heißt in eurer Sprache »Der sehr verehrte Alte des Wassers«. Unter solchen Bäumen halten wir viele unserer Zeremonien und Tänze ab. Aber auch Menschen werden dort hingehen, wenn sie tun wollen, was ihr »sich verheiraten« nennt. Der Baum wird mit seiner alten Weisheit zu ihnen sprechen, damit sie füreinander gute Halbkreise sind.

Zu einem solchen Baum werden auch Kranke gebracht, denn mit der Kraft des Baumes werden sie wieder gesund. Und wenn ein Erdenmensch große Sorgen hat, kommt er und redet lange Zeit mit diesem Baum. Oft hilft der Baum, die Probleme zu lösen. Dann werden ihm diese Frauen und Männer das schönste, das sie haben, opfern. Sie werden sich ihre zu Zöpfen geflochtenen Haare abschneiden und in die Äste des Baumes hängen. Daneben auch Perlen, schöne Steine, Silberstücke oder einen Beutel voll mit Tabak und Salbei.

🌀 Setzt euch zu uns ans Feuer und hört die Geschichte von Iztakziuatl und Popokatepetl, wie sie von den Ahnen der Ahnen zu uns gekommen ist: Iztakziuatl, die Tochter des großen Häuptlings Akayatzin, war eine wunderschöne Frau. Popokatepetl war ein mutiger und kräftiger Krieger, ehrlich und gerecht, jedoch ohne adeliges Blut. Beide empfanden große Liebe zueinander. Da merkte Akayatzin, daß die beiden immer zusammen waren, worauf er zu Popokatepetl sprach: »Das gibt es nicht, und das kann nicht sein. Iztakziuatl ist meine Tochter – und was bist du? Du bist nur ein Krieger. Geh also in den Krieg, bewähre dich, dann komme zurück und nimm meine Tochter zu deiner Frau.« Und so tat Popokatepetl: Er verabschiedete sich von Iztakziuatl und zog in den Krieg. Es verging ein Jahr um das andere, von dem mutigen Krieger kam keine Nachricht, und alle dachten, Popokatepetl sei gestorben. Allein Iztakziuatl hoffte noch immer auf seine Rückkehr. Doch die Zeit hat sich weiterbewegt, und als keine Nachricht von Popokatepetl kam, bestimmte der große Häuptling Akayatzin für seine Tochter einen anderen Mann: »Wir haben auf Popokatepetl sehr lange gewartet, er wird nicht wieder-

*Wenn du Sorgen hast, schaue hinauf zu den Sternen und erzähle davon deinen Brüdern.*

kommen, er ist tot.« Iztakziuatl war sehr traurig. Sie wollte keinen anderen Mann, und so nahm sie ein Messer aus Obsidian.

Viele Brüder und Schwestern kamen, um mit Zeremonien und Gebeten Iztakziuatl auf ihrem Weg zurück zur Mutter Erde zu begleiten. Das mußte drei Tage danach stattfinden, damit es vier Tage sind – der erste Tag ihres Todes und drei Tage danach. Am vierten Tag kam Popokatepetl von weither zurück. Er war ein großer Krieger geworden, der beste, von dem die Ahnen wissen. Weil die Trauer zu groß war, als er vom Geschehenen erfuhr, nahm auch er das Messer aus Obsidian und folgte seiner geliebten Iztakziuatl in den Schoß von Mutter Erde.

Und so zogen sich die Geister der beiden in die Felsen zurück, weshalb die Berge, in denen sie wohnen, so heißen wie sie selbst: Iztakziuatl, »Die weiße Frau«, und Popokatepetl, »Der Berg, der raucht«.

*Mit was werde ich gehen?*
*Nichts lasse ich von mir über der Erde.*
*Wie soll mein Herz handeln?*
*Kommt es vielleicht umsonst, um zu leben*
*und über der Erde zu sprießen?*
*Lassen wir wenigstens Blumen zurück,*
*lassen wir wenigstens Lieder!*

• *Nezahualkoyotl*

🌀 Von »dem, der den Regen machen kann«, erzählen die Ahnen folgendes: »Süßer Saft der Erde«, den wir in unserer Sprache Tlalok nennen, lebt in einem großen Haus mit vier Gemächern und einem großen Hof mittendrin. In diesem Hof hat er vier große Wasserkübel mit verschiedenem Wasser aufgestellt. Das Wasser aus dem ersten Krug ist sehr gut. Wenn es Tlalok aus ihm regnen läßt, gedeihen der Mais und die Feldfrüchte. Läßt Tlalok es dagegen aus dem zweiten Krug regnen, dann ist es schlecht für den Mais und die Feldfrüchte, denn dann wachsen weiße Spinngeflechte an ihnen, und sie werden schwarz. Wenn Tlalok den dritten Krug ausschüttet, kommt die Kälte vom Himmel herab, und die Maiskolben erfrieren. Regnet es dagegen aus dem vierten, dann ist es nur wenig Wasser, das Mutter Erde zu trinken bekommt. Der Mais setzt keine Körner an, und die Kinder von Mutter Erde leiden Hunger.

*Verehre die Kräfte, die du nicht siehst, die du nicht greifen kannst, die du nicht riechst. Verehre diese Kräfte, denn sie zeigen dir den richtigen Weg.*

Tlalok hat viele Helfer. Sie sind klein von Gestalt und wohnen in den vier Gemächern seines Hauses. Sie halten kleine Eimer in ihren Händen, in die sie Wasser je nach Befehl aus einem der vier großen Wasserkübel schöpfen. So helfen sie Tlalok, das

Wasser aus den vier Wasserkübeln an die vier Brüder
Himmelsrichtungen zu verteilen. Wie es Tlalok gefällt, und wie er weiß, daß es richtig ist und daß es
sein soll. In ihren Händen halten die Helfer Stöcke,
mit denen sie ihre Eimer in Splitter zerschlagen,
wenn viel Regen auf Mutter Erde herniederfallen
soll. Das Zerschlagen der Eimer hört man als Donner. Und wenn der Blitz herabfährt, einen Baum
spaltet und Feuer entfacht, dann sind das die Kräfte
von einem dieser Splitter.

⊚ Die Straßen eurer Städte sind so hell! Fürchtet
ihr euch vor den Sternen? Eure Musik ist so laut!
Fürchtet ihr euch vor dem Rauschen des Winds?
Oder ist es vielleicht so, daß ihr Angst vor euch
selbst habt?

# Das Licht, das auf die Erde kam

*Wie der alte Nanahuatzin sich
ins Feuer warf und jener
wurde, »der das Licht bringt«*

Es wird erzählt, daß es lange vor der Schöpfung der Erdenmenschen eine Schöpfung des Lichts gegeben habe, denn die Symbole der jeweiligen Energie waren sich einig, daß es an der Zeit sei, Licht in unsere Welt zu bringen.

»Aber wie?« fragte Uitzilopochtli, das Symbol des Willens.

»Ich glaube nicht, daß es sehr schwierig sein wird«, meinte Ketzalkoatl, das Symbol von Wissen und Weisheit. »In dieser Welt ist bereits Licht in Form des Feuers. Einer von uns müßte sich hineinwerfen und danach als »der Helle« wieder hervorkommen.«

Alle jubelten und hielten diesen Gedanken für einen sehr guten: »Das ist die Lösung! Nicht zu Unrecht symbolisierst du Wissen und Weisheit.«

Xochipilli, Symbol des Tanzes und der Blumen, fragte: »Wer von uns soll es machen?«

»Einer von uns muß es tun«, stellte Xipetotek, das Symbol der Fruchtbarkeit fest. »Und zwar jetzt, das ist die richtige Zeit.«

Große Stille trat ein. Alle, die vorher noch klug und laut gesprochen hatten, verstummten.

»Ich werde es machen, ich werfe mich ins Feuer«, sagte eine schwache Stimme. Alle blickten erstaunt zu dem Sprecher. »Ich bin es, Nanahuatzin, das Symbol des Alters.«

Alle lachten und sprachen spöttisch: »Du, Nanahuatzin? Ausgerechnet du willst das Licht in diese Welt bringen? Ausgerechnet du, wo du so alt und zittrig und gebrechlich bist?«

»Ich werde es tun«, sagte das Alter mit großer Würde, »ich kann es machen, und ich bin bereit dazu.«

Da haben sie alle noch mehr über ihn gelacht und noch mehr über ihn gespottet. Ometeotl, das Symbol der Dualität, machte sich große Sorgen: »Außer Nanahuatzin, der nicht ernstgenommen werden kann, hat sich noch niemand gemeldet!«

Jetzt hatte wieder jeder etwas zu sagen, um jemanden anderen dazu zu bringen, sich ins Feuer zu werfen, um der Welt Licht zu bringen. Schließlich wurde Zitlalpopoka, das Symbol der Konzentration, dazu gewählt und bestimmt.

»Du bist stark, groß und jung. Du wirst dich ins Feuer werfen, so hat es der Rat bestimmt!« sagte Ometeotl, der nicht nur das Symbol der Dualität ist, sondern auch das erste unter allen Symbolen.

Alle halfen zusammen, das Feuer in Gang zu bringen, und bald brannte es hoch und hell. Alle warte-

ten darauf, daß Zitlalpopoka sich ins Feuer werfe. Immer höher loderten die Flammen, und alle fragten: »Wann wird er sich ins Feuer werfen?« Doch Zitlalpopoka tat den entscheidenden Schritt nicht.
Ometeotl sagte zum Ausgesuchten: »Jetzt wirf dich ins Feuer, der große Moment ist gekommen, jetzt ist die richtige Zeit!« Aber gerade in diesem Moment überkam Zitlalpopoka die Feigheit, und er weigerte sich, in die Flammen zu springen.

*Wenn du das Feuer siehst, wenn du den Himmel betrachtest: Vergiß nicht, das sind die Geister der Ahnen unserer Ahnen.*

»Ich mache es«, sagte Nanahuatzin und warf sich, bevor ihm noch jemand antworten konnte, selbst in das Feuer. Er war nicht mehr zu sehen und verbrannte.
Dann schoß plötzlich ein Feuerball aus den Flammen und flog höher hinauf, als der Adler zu fliegen imstande ist. Er wurde immer größer und größer und flog höher und höher, bis er sehr weit weg oben am Himmel anhielt. Beschämt über seine Feigheit stand Zitlalpopoka da: »Gesund, stark, groß und jung, habe ich es nicht gewagt, was das weise Alter ohne zu zaudern erfüllt hat«, dachte er und sprang nunmehr selbst ins Feuer. Auch er verbrannte, war nicht mehr zu sehen und schoß als helle Kugel in den Himmel hinein. Doch diese Feuerkugel war viel kleiner als jene des Nanahuatzin.

Ometeotl blickte in den Himmel und sagte: »Zwei Sonnen werden nicht gebraucht. Der erste war mutig, der zweite war feige, der Mutige soll als Licht für diese Welt als unser Verehrter Vater Sonne bleiben. Sein Name ist Totatzin Tonatiuh.«

Dann nahm Ometeotl ein Kaninchen, welches das Symbol für Fruchtbarkeit und Weiblichkeit ist, und warf es zu der zweiten kleinen Kugel am Himmel.

Auf diese Art ist der Mond entstanden, der in unserer Kultur weiblich ist.

*Der weiße Berg erhebt sich im Westen.*
*Prächtig ragt er auf.*
*Weiße Bögen aus Licht*
*neigen sich von seiner Spitze*
*und verbinden ihn mit der Erde.*

*Der weiße Berg erhebt sich im Westen.*
*Prächtig ragt er auf.*
*Blau sinkt der Abend.*
*Überall, wo ich blicke,*
*tanzen seidene Maisfäden.*

• *Lied von den Brüdern Papago*

⊙ Es werden die Dinge, die ihr Weißen beschließt, mit Zeichen auf ein Stück Papier geschrieben, das ihr dann in einem Schrank aufbewahrt. Euer Wort für so ein Stück Papier heißt »Vertrag«. Doch womit und mit wem wollt ihr euch vertragen? Wenn wir mit unseren Brüdern Beschlüsse fassen, dann geschieht dies in einer Versammlung, in der laut und deutlich gesprochen wird, so daß es jeder hören kann. Daß jeder Zeuge sein kann: der Kojote draußen vor dem Versammlungsplatz, die Eidechse unter den Gräsern, die kleinen Vögel in den Bäumen, der Bär in den Wäldern, der Puma in den Felsen, der Adler in den Wolken. Und auch die Wolken sind Zeuge, und die Bäume, die Gräser, die Felsen. Alle hören mit, alle wissen davon. Welche Schande, wenn einer das Gesprochene bricht. Doch ihr versteckt eure Verträge in Schränken und Truhen. Warum macht ihr das?

Wir hatten vieles nicht, bevor unsere weißen Brüder zu uns kamen. Wir hatten keinen Jesus Christus, zu dem wir beten mußten. Wir hatten keine Gefängnisse, und wir hatten keine Diebe. Wir hatten kein Geld, und deshalb wurde ein Mensch nicht nach seinem Geld bemessen. Unsere Mutter Erde teilten wir mit unseren Brüdern, den Vögeln, den Schlangen, dem Jaguar, dem Bruder Kojote, der Schildkröte. Jeder ging dorthin, wo es ihm gefiel. Es gab also keine Grenzen, und deshalb gab es keinen Zank. Wir kannten keine Schreiber, die die Gesetze aufschrieben, und keinen, der die aufgeschriebenen Gesetze brach. Wir waren Wilde und ohne Zivilisation. Das einzige Gesetz, dem wir folgten, war die Weisheit unserer Mutter Erde, die sie uns mit jeder Wolke und jedem Hauch des Winds seit den Zeiten der Ahnen der Ahnen immer wieder neu erzählt.

Es muß uns entsetzlich schlecht gegangen sein, bevor ihr weißen Brüder zu uns gekommen seid.

*Versammelt euch, ihr Brüder Hopi, Shoshone,
Apachee, Aztek, Pima und Pawnee.
Versammelt euch, ihr Brüder Maya, Mixtek,
Potawatomi, Lakota, Omaha, Cherokee.
Versammelt euch, ihr Brüder Ojibwa, Shawnee,
Tlozil und ihr Brüder Totonaken.
Denn das wissen wir:
Auch wenn der Wind heute nur Blätter regt,
morgen kann er Sturm sein.*

Die Weißen sind in unser Land gekommen und haben unser Land genommen. Sie haben unsere Dörfer niedergebrannt und unsere Frauen vergewaltigt. Sie haben den Büffel erschossen, nur so zu ihrem Spaß. Sie haben uns wegen unserer Tänze und Zeremonien verlacht. Sie haben uns Alkohol gebracht und viele Krankheiten. Nichts war ihnen heilig, vor nichts hatten sie Respekt.

Jetzt, wo selbst die Erde an ihrer Respektlosigkeit und an ihrem Übermut siecht, wo sie neue Worte erfinden müssen für die Krankheiten der Erde: Ozonloch und Treibhauseffekt, Ölkatastrophe, Regen, der sauer ist – jetzt, wo sie also selbst krank sind, kommen sie zu uns Wilden und fragen nach unserem Rat und der Weisheit unserer Ahnen.

Wir wissen, daß wir alle Brüder sind und daß wir alle eine Mutter haben. Wir helfen, so gut wir können. Wir teilen die Weisheit unserer Ahnen.

Doch soviel müssen unsere weißen Brüder lernen: Behandelt dies alles mit Respekt, denn dies alles ist uns heilig. Und was in Büchern niedergeschrieben ist, ist noch lange nicht getan.

*Ich hier, ich gebe dir,*
*mein geliebter Bruder,*
*das Brot der Liebe,*
*den Honig von den Blumen,*
*den Rat der Erkenntnis*
*und die Beruhigung in deinem Gesicht.*

*Ich möchte zu dir sprechen,*
*aber dein Ohr hört mich nicht.*
*Ich möchte dir meine Liebe geben,*
*aber dein Herz ist verschlossen.*

*Doch es wird der Tag kommen,*
*und das Datum wird Zeuge sein.*
*Was ich dir sage, ist Wahrheit,*
*und das Gute, das ich dir wünsche,*
*ist mit viel Liebe gesprochen.*

# DIE REDE DES VEREHRTEN CHIEF SEATTLE

*Hört diese Worte nicht mit den Ohren,*
*ihr weißen Brüder.*
*Hört diese Worte mit eurem Herzen*

In der Zeitrechnung der Weißen, in der es für jedes Jahr nur eine Zahl, aber keinen Namen gibt, schriebt ihr das Jahr 1854. Bis auf wenige Plätze hattet ihr unser Land geraubt, den Büffel getötet und uns erklärt, alle Flüsse und die Fische darin, alle Wälder und die Bären darin, alle Wiesen und die Kräuter darin gehörten nun euch. Nur für uns, die wir stolz waren und nicht euch gehören wollten, war kein Platz mehr in diesem Land, das wir seit der Zeit der Ahnen unserer Ahnen bewohnten. Ihr brachtet Papiere, auf die ihr in eurer Sprache Verträge geschrieben hattet. Doch diese Verträge hatten schlimme Folgen für uns, denn ihr wolltet euch nicht mit uns vertragen.

So wird von einem traurigen Vorkommnis berichtet, welches meine Brüder vom Volk der Suquamish und meine Brüder vom Volk der Duwamish erleben mußten: Der große Rat der Weißen hatte in Washington beschlossen, daß sie ihr Land zu verlassen hätten. Dafür wollte man einen anderen Platz an einem an-

deren und für das Leben nicht so geeigneten Ort für meine Brüder reservieren. Man schrieb den Beschluß in einem Vertrag nieder und schickte ihn dem Häuptling der Suquamish und der Duwamish, Chief Seattle. Für uns ist die Antwort des Großen Häuptlings an den weißen Chief in Washington das Schönste und Ergreifendste, was je über unsere Mutter Erde gesagt wurde. Darum soll es hier wiederholt werden. Wer es hört, soll sein Herz für diese Worte öffnen! Hört also:

»Wie kann man das Firmament kaufen oder verkaufen, die Wärme der Erde? Diese Idee ist uns unbekannt. Wenn wir nicht die Besitzer der Frische der Luft noch des Schimmers des Wassers sind, wie könnt ihr sie dann kaufen? Jedes Stück dieser Erde ist für mein Volk heilig. Jeder Baum, jedes Sandkorn am Strand und sogar der Klang jeden Insekts ist für das Gedächtnis und die Vergangenheit meines Volkes heilig. Der Saft, der unter der Rinde durch die Bäume kreist, nimmt die Erinnerung der Erdenmenschen mit sich.

Die Toten des weißen Mannes vergessen ihr Heimatland, wenn sie ihren Gang zwischen den Sternen unternehmen. Unsere Toten hingegen werden diese gütige Erde nie vergessen, weil sie deren Mutter ist. Wir sind eine Teil dieser Erde, und gleichermaßen ist sie ein Teil von uns. Die duftenden Blumen sind unsere Schwestern, das Rotwild, das Pferd, der große

Adler sind unsere Brüder. Die aufgewühlten Felsen, die feuchten Wiesen, die Wärme des Pferdekörpers und der Mensch, alle gehören wir zur gleichen Familie.

Aufgrund all dieses und weswegen der Chef von Washington uns die Botschaft sendet, daß er unsere Länder kaufen will, verlangt er zu viel von uns. Auch sagt der Chef, daß er uns einen Platz reservieren wird, an dem wir bequem unter uns leben können. Deshalb erwägen wir sein Angebot vom Kauf unserer Länder. Dies ist nicht einfach, weil dieses Land für uns heilig ist.

Das kristallklare Wasser, das in den Flüssen und Bächen fließt, ist nicht nur Wasser, sondern repräsentiert auch das Blut unserer Vorfahren. Wenn wir euch das Land verkaufen, müßt ihr euch daran erinnern, daß es heilig ist und daß jedes Spiegelbild in den klaren Wassern der Seen die Geschehnisse und Erinnerungen des Lebens unserer Leute erzählt. Das Rauschen des Wassers ist die Stimme des Vaters meines Vaters. Die Flüsse sind unsere Brüder und stillen unseren Durst, sie sind Inhaber unserer Boote und ernähren unsere Söhne. Wenn wir euch unsere Länder verkaufen, müßt ihr euch daran erinnern und euren Söhnen leh-

*Ihr Brüder von dort und wir Brüder von hier, wir sind doch alle Pflanzen in einem einzigen Garten.*

ren, daß die Flüsse unsere Brüder sind und auch die euren und deshalb mit der gleichen Sanftmut, mit der man einen Bruder behandelt, behandelt werden müssen.

Wir wissen, daß der weiße Mann unsere Art zu leben nicht versteht. Er kann nicht zwischen einem Stück Erde und einem anderen unterscheiden, weil er ein Fremder ist, der nachts kommt und von der Erde nimmt, was er braucht. Die Erde ist nicht seine Schwester, sondern sein Feind, und wenn sie einmal erobert ist, geht er seinen Weg weiter, das Grab seiner Väter zurücklassend, ohne daß es ihm wichtig ist. Wenn die Erde ihm seine Söhne entführte, würde es ihm auch nicht wichtig sein. Sowohl das Grab seiner Väter als auch das Erbe seiner Söhne werden vergessen. Er behandelt seine Mutter, die Erde, und seinen Bruder, das Firmament, wie Gegenstände, die man kauft, ausbeutet und wie Schafe oder farbige Perlen verkauft. Sein Appetit würde die Erde verschlingen und hinter sich eine Wüste lassen.

Ich weiß nicht, ob unsere Art zu leben anders ist als die eure. Nur der Anblick eurer Städte bekümmert die Augen der Erdenmenschen. Aber vielleicht ist es das, weil wir Erdenmenschen Wilde sind und nichts verstehen.

Es gibt keinen ruhigen Platz in den Städten des weißen Mannes, noch einen Platz, an dem man hören kann, wie die Blätter der Bäume im Frühling aufgehen. Oder wie die Bienen, die Hummeln und die Mücken fliegen. Aber vielleicht kann das auch sein, weil ich ein Wilder bin, der nichts versteht. Der Lärm verstört nur unsere Ohren – doch wofür nützt das Leben, wenn der Mensch weder den einsamen Schrei des Kojoten noch die nächtlichen Dialoge und Diskussionen der Frösche am Tümpelrand hören kann? Ich bin eine Rothaut und verstehe nichts. Wir ziehen das sanfte Geräusch des Winds über dem Platz eines Tümpels vor. Sowie den Geruch dieses gleichen Winds, gesäubert vom Mittagsregen und voll vom Aroma duftender Wälder.

*Beneide nicht den Adler, weil er fliegen kann. Denn er kann nicht schwimmen wie ein Fisch.*

Die Luft hat einen unberechenbaren Wert für eine Rothaut, weil alle Wesen die gleiche atmen: das Tier, der Baum, der Mensch. Der weiße Mann ist sich nicht der Luft bewußt, die er einatmet. Wie ein Sterbender, der während vieler Tage mit dem Tod ringt, unsensibel gegen den Gestank ist. Aber wenn wir unser Land verkaufen, solltet ihr euch daran erinnern, daß die Luft sehr wertvoll für uns ist, daß die Luft ihren Geist mit dem Leben teilt, daß sie den Wind enthält, der unseren Ahnen den ersten Atemzug des Lebens gab und der den letzten Atemzug ihres Lebens bekam. Und wenn wir euch unser Land verkaufen, solltet ihr es erhalten wie eine wichtige und heilige Sache, wie einen Platz, an dem auch der weiße Mann den duftenden Wind der Blumen genießen kann.

Ich bin ein Wilder, und ich verstehe keinen anderen Lebensstil. Ich habe Tausende Büffel gesehen, die auf den Weiden verendet sind, vom weißen Mann von einem fahrenden Zug aus erschossen. Ich bin ein Wilder und verstehe nicht, wie eine rauchende Maschine mehr bedeuten kann als der Büffel, den wir nur töten, um zu überleben.

Was wäre der Mensch ohne die Tiere? Wenn alle ausgerottet würden, würde der Mensch auch an einer großen spirituellen Einsamkeit sterben, weil das, was mit den Tieren geschieht, auch dem Menschen passieren würde. Alles geht vereint.

Ihr solltet euren Söhnen zeigen, daß der Boden, auf dem sie gehen, die Asche unserer Großväter ist. Bringt euren Söhnen bei, daß die Erde mit dem Leben unserer Nächsten bereichert ist, damit sie sie respektieren können. Zeigt euren Söhnen, was wir unseren gezeigt haben – daß die Erde unsere Mutter ist. Alles, was der Erde geschieht, wird den Söhnen der Erde geschehen. Wenn die Menschen auf den Boden spucken, spucken sie auf sich selbst.

Das wissen wir: Die Erde gehört nicht dem Menschen, der Mensch gehört der Erde. Das wissen wir: Alles ist miteinander verknüpft, wie das Blut, die eine Familie vereint. Alles ist verknüpft. Alles, was der Erde geschieht, wird den Söhnen der Erde geschehen. Der Mensch strickt nicht den Lebensknoten, er ist nur der Faden. Was er mit dem Knoten macht, macht er mit sich selbst!

Dieses Land ist unbeschreiblich wertvoll. Wenn es beschädigt wird, würde die Wut der Mutter Erde herausgefordert. Die Weißen würden ausgelöscht vor den anderen Stämmen. Sie verschmutzen ihre Flüsse ... und eines nachts erwachen sie in ihren eigenen Überresten.

Dieses Schicksal ist ein Mysterium für uns, denn wir können nicht verstehen, warum die Büffel ausgerottet und die wilden Pferde gezähmt werden, die Landschaft voll üppiger Hügel mit sprechenden Kabeln übersät wird.

Wo ist das Gebüsch? Es wurde zerstört!

Wo ist der Adler? Er verschwand!

Das Leben ist zu Ende, und das Überleben beginnt.«

Ich bin ein Felsen.
Ich habe Leben und Tod gesehen.
Ich habe Glück erfahren, Sorge und Schmerz.
Ich lebe ein Felsenleben.
Ich bin Teil unserer Mutter, der Erde.
Ich habe ihr Herz an meinem schlagen gefühlt.
Ich habe ihren Schmerz gefühlt und ihre Freude.
Ich lebe ein Felsenleben.
Ich bin ein Teil unseres Vaters,
des großen Geheimnisses.
Ich habe seinen Kummer gefühlt und seine Weisheit.
Ich habe seine Geschöpfe gesehen, meine Brüder,
die redenden Flüsse und Winde, die Bäume,
alles, was auf der Erde, alles was im Himmel ist.
Ich bin mit den Sternen verwandt.
Ich kann sprechen, wenn du zu mir sprichst.
Ich werde zuhören, wenn du mit mir redest.
Ich kann dir helfen, wenn du Hilfe brauchst.
Aber verletze mich nicht,
denn ich kann fühlen wie du.
Ich habe Kraft, zu heilen,
doch du wirst sie erst suchen müssen.
Vielleicht denkst du, ich bin nur ein Felsen,
der in der Stille daliegt auf feuchtem Grund.
Aber das bin ich nicht:
Ich bin ein Teil des Lebens, ich lebe,
und ich helfe denen, die mich achten.

• *Cesspooch*

◉ Unsere Tänze heißen in unserer Sprache »Bewegungen, um die vier Brüder Himmelsrichtungen zu verehren«. Wir machen sie, um miteinander in Harmonie zu leben.

◉ In alten Zeiten kannte unser Volk keine Diebe und kein Stehlen. Unsere Hütten hatten keine Türen und keine Schlösser. Wenn wir etwas brauchen, das unser Bruder hat, bieten wir ihm etwas zum Tausch an. Bis auf den heutigen Tag feiern wir Feste, bei denen wir unseren Brüdern und Schwestern etwas schenken, wofür uns unsere Brüder und Schwestern etwas anderes geben. Wir tauschen Pelze und gewebte Bettdecken, Ohrringe und Ketten. Wir geben etwas fort und bekommen etwas anderes dafür. Jeder von uns kennt diese Tradition, die schon die Ahnen der Ahnen eingeführt haben. Wir nennen solch ein Fest Ichkualichti Iachmaoha.

*Unsere Sonne hat sich versteckt,*
*unsere Sonne ist nicht mehr zu sehen,*
*und ganz in Dunkelheit hat sie uns verlassen.*
*Aber wir wissen,*
*daß sie noch einmal zurückkommen wird,*
*daß sie sich uns wieder zeigen wird und*
*uns noch einmal ihren Schein geben wird.*

• *Botschaft des Ueyi Tlahtokan*

Die weißen Brüder sind anders. Sie können nicht verstehen, daß für einen Indianer eine Pflanze so wichtig ist wie er selbst. Deshalb reden wir mit den Pflanzen, und wenn die Pflanzen krank sind, bitten wir die Geister mit unseren Gesängen und Tänzen um Beistand, damit sie helfen.

Ich werde nie vergessen, wie ich in einer großen Stadt der weißen Brüder mit einem Baum gesprochen habe, der sehr krank war. Ich habe zu ihm geredet, ich habe ihn gefragt, warum er denn so traurig sei, was man ihm getan habe und warum er nicht mehr leben wolle. Erst dann ist mir aufgefallen, daß einige weiße Brüder, die des Wegs kamen, den Kopf schüttelten, als ob mein Gehirn von der Mottenverrücktheit befallen sei.

Leider haben sie völlig vergessen, leider haben sie es nie gelernt, leider haben sie es nie erfahren: mit dem zu sprechen, was sie umgibt.

Ihr Weißen wollt alles besitzen: den Strand eines schönes Sees, ein Stück vom Boden, der die Haut von unserer Mutter Erde ist.

Doch wie kann man Boden, wie kann man Wasser besitzen. Man sagt doch auch nicht: »Diese Luft gehört mir, außer mir hat niemand das Recht, sie zu atmen.« Aber ihr schreibt an eure Tore: »Betreten verboten, Privatbesitz«, und jeder Platz ist von Zäunen umgeben. Soll das Freiheit sein?

Bei uns machen die Alten die Gesetze. Tlahto-kan heißt der Platz, wo sie sich regelmäßig treffen. Es sind sechsundzwanzig Frauen und ebenso viele Männer, die alle mehr als zweiundfünfzig Jahre zählen. Ich weiß aber auch von Stämmen, bei denen fünfundzwanzig Männer und fünfundzwanzig Frauen sowie zwei Kinder den Rat bilden. Weil die Gesetze auch die Kinder betreffen, haben sie das Recht, mit darüber zu sprechen und abzustimmen. Damals, vor den Massakern der Spanier, hatte jeder Stamm sei-nen Tlahtokan. Diese Ältestenräte hatten ihre Spre-cher, die entsandt wurden zu einem noch größeren Tlahtokan. Vom Dorf zum Stamm zur Provinz ließ sich so die Linie weiterverfolgen. An ihrem Ende stand Ueyinyi-Tlahtokan, der allergrößte Rat, und Tlatoani, dessen Sprecher.

🌀 Der Tabak ist uns sehr heilig. Und er ist eine sehr kraftvolle Medizin. Wenn wir mit unseren Häuptlingen, unseren Ältesten, unseren Medizinmännern und unseren Medizinfrauen sprechen wollen, so bringen wir Tabak als Geschenk mit und überreichen ihn. Erst dann setzen wir uns gemeinsam hin und beginnen mit unserer Rede.

Wenn wir an einen heiligen Ort gehen, opfern wir unserer Mutter Erde etwas Tabak. Oder wir binden ihn in kleine Beutel aus Stoff oder Leder und hängen ihn in die Bäume: als Geschenk an unseren Bruder Baum, an den Bruder Wind oder an die vier Brüder Himmelsrichtungen. Ihr seht: Tabak ist uns sehr heilig. Deshalb rauchen wir ihn, während wir unsere Zeremonien abhalten. Wir stehen dabei oder sitzen im Kreis, während die Pfeife von Bruder zu Bruder gereicht wird. Wir nehmen einen Mund voll Rauch und blasen ihn hinunter zu Mutter Erde, hinauf zu Vater Sonne und hinüber zu allen vier Brüdern Himmelsrichtungen.

Ihr Weißen wißt nichts von der Heiligkeit des Tabaks, ihr wißt nichts von seiner magischen Kraft. Ihr behandelt ihn ohne Ehrfurcht, ihr könnt euch nicht beschränken, und ihr lacht über unsere Warnungen. Der Tabak macht euch krank, er macht, daß ihr große und lange Schmerzen leiden müßt, bevor ihr in das Haus der Stille geht.

◉ Auch bei uns gibt es Liebeslieder. Hier ist eines. Es heißt Zeltitika zem zepa und erzählt von etwas, das es nur einmal gibt:

*Nur einmal*
*liebte ich in meinem Leben,*
*nur einmal*
*und nicht mehr.*
*Nur einmal glänzte*
*in meinem Obstgarten diese Hoffnung,*
*die den Weg meiner*
*Einsamkeit erleuchtet.*

*Nur einmal übergibt man die Seele*
*mit dem süßen und totalen Verzicht.*
*Und wenn sich dieses Wunderbare,*
*wenn sich dieses ganz Besondere realisiert,*
*dann singen Klänge*
*in meinem Herzen.*

*Nur einmal*
*liebte ich in meinem Leben,*
*nur einmal*
*und nicht mehr.*
*Nur einmal glänzte*
*in meinem Obstgarten die Hoffnung,*
*die den Weg meiner*
*Einsamkeit erleuchtet.*

# DER LISTIGE KOJOTE UND DIE DANKBARKEIT

*Wie Bruder Esel geholfen wurde
und warum der Alligator
einen schweren Stein auf seinem Maul hat*

Am Feuer wird diese Geschichte erzählt: Es war in einer Steinwüste, wo es wenig Wasser gab, nur einige Tümpel und flache Pfützen. Ein alter Esel, der dort draußen wohnte, hatte großen Durst und suchte nach einer Stelle, wo er trinken konnte. Bevor er ein Wasserloch gefunden hatte, hörte er eine laut jammernde Stimme und großes Geschrei von großem Schmerz. Er ging näher und sah in dem Tümpel einen Alligator. Auf seinem mächtigen Kopf lag ein großer Fels, der auf ihn herabgefallen war, während er schlief.

»Komm, hilf mir doch, Bruder Esel«, bat der Alligator, »schau, ich kann mich selbst nicht befreien, ich kann nicht weggehen, ich kann mein Maul nicht aufsperren, und der Stein schmerzt mich sehr. Hilf mir doch, Bruder Esel.«

Bruder Esel schob mit den Beinen und mit seiner ganzen Kraft an allen Seiten des Steins, bis der Alligator frei war.

»Vielen Dank«, sagte der Alligator, »das hast du gut gemacht. Jetzt bring mich bitte noch zu einem Platz,

wo es mehr Wasser gibt, denn ich habe großen Durst.«

Durch großen Willen schaffte es der alte Esel, den Alligator auf seinem Rücken zu einem Platz zu tragen, wo mehr Wasser war. Nicht viel, jedoch genug, daß der Esel trinken und der Alligator sich erfrischen konnte. Da sagte er zum Esel:

»Hier kann ich mich nicht bewegen, der Tümpel ist zu klein, und weil es so heiß ist, wird die Wasserstelle bald austrocknen. Ich kenne aber einen kleinen See, laß uns dort hinwandern. Doch weil ich nicht so schnell laufen kann wie du, Bruder Esel, wie wäre es, wenn du mich tragen würdest?«

Der Esel, ohne Argwohn, tat auch dies, und nach langer Suche hatten sie endlich den See gefunden.

»Das hast du gut gemacht«, sagte der Alligator, »doch hilf mir jetzt noch ein Stück in die Mitte des Sees, ich kann im flachen Wasser so schlecht schwimmen.«

Als die beiden in der Mitte des Sees angekommen waren, sagte schließlich der Alligator: »Das ist genau der richtige Platz, wo ich meinen Hunger stille, ich werde dich also fressen.»

Da begann der Esel zu zittern, zu weinen und um sein Leben zu betteln: »Ich habe dir so viel geholfen, wo bleibt deine Dankbarkeit?«

»Dankbarkeit«, lachte der Alligator, »wo gibt es schon Dankbarkeit, komm her und laß dich fressen.«

Der Esel zitterte: »Schau, da kommt ein altes Pferd des Wegs, wir wollen es fragen, ob es Dankbarkeit gibt. Je nach seiner Antwort wirst du mich fressen oder auch nicht.« Und so erzählten sie dem alten Pferd die Geschichte, die beide mitten in den See gebracht hatte.

»Hört meine Geschichte«, sagte darauf das alte Pferd und begann seine eigene Geschichte zu erzählen: »Ich habe dem Bruder Mensch meine ganze Kraft gegeben, habe ihm geholfen, habe ihn immer unterstützt. Doch jetzt, wo ich alt geworden bin, werfen sie mich hinaus, weil ich keine Kraft mehr habe. Nein, es gibt keine Dankbarkeit. Also, Bruder Alligator, friß den Esel.«

*Nehmt euch Zeit,*
*den Wind zu verstehen*
*Denn sein Singen*
*und Rauschen erzählt*
*die alten Legenden*
*und Geheimnisse der*
*Ahnen unserer Ahnen.*

»Nein, bitte nicht, gib mir noch eine zweite Chance«, sagte der Esel voller Angst. »Wir wollen auf ein anderes Tier warten und es nach seiner Meinung befragen.«

Der Alligator, der etwas träge war und etwas dumm, willigte ein, denn schon kam auch Bruder Hund des Wegs.

»Bruder Hund, hör dir unsere Geschichte an und sage uns, ob es Dankbarkeit gibt.«

Nachdem Bruder Hund alles gehört hatte, war seine

Rede knapp und klar: »Ich habe dem Bruder Mensch ein Leben lang gedient, ich habe sein Zelt und seine Hütte gegen den Wolf und gegen den Puma verteidigt. Doch jetzt bin ich alt und meine Kraft schwindet. Man hat mit Steinen nach mir geworfen, weil ich meine Aufgabe nicht mehr erfüllen kann. Nein – es gibt keine Dankbarkeit.«

Da sperrte der Alligator sein großes Maul auf, um den alten Esel zu fressen, als singend und pfeifend der schlaue Bruder Kojote des Wegs kam.

»Hallo, Bruder Esel, hallo, Bruder Alligator, was macht ihr beiden zusammen im See?«

Der Alligator klappte sein aufgerissenes Maul wieder zu und sagte: »Es gibt keine Dankbarkeit, und deswegen werde ich jetzt gleich den Bruder Esel fressen.«

»Das mit der Dankbarkeit verstehe ich nicht«, meinte der schlaue Bruder Kojote, »ihr solltet mir die Sache genauer erklären.« Und so erzählten Esel und Alligator die ganze Geschichte noch einmal.

»Was, du hast dich von Bruder Esel tragen lassen?« sagte der Kojote zum Alligator. »Das glaube ich erst, wenn ich es mit eigenen Augen gesehen habe.«

Der Alligator stieg wieder auf den Rücken des Esels, damit es der Kojote mit eigenen Augen sehen konnte.

»Wo ist denn das Wasserloch, von dem ihr gesprochen habt? Ihr müßt mich dort hinbringen, wenn ich beurteilen soll, ob es denn Dankbarkeit gibt.«

»Hier hat es begonnen«, sagte der Esel, als sie endlich an der Stelle angekommen waren.

»Ich kann hier keinen Stein sehen«, meinte der Kojote, »und ich kann mir auch nicht vorstellen, wie der Stein auf dem Kopf des Alligators lag.«

»Das können wir dir schon zeigen«, meinte darauf der Alligator, holte den Stein herbei und ließ ihn sich von dem Esel nochmals auf den Kopf und auf sein großes Maul schieben.

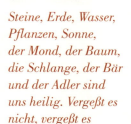

»Jetzt, Bruder Kojote, siehst du, wie es war«, sagte der Alligator, »ganz genau so war es. Aber beeile dich, dein Urteil zu geben, denn der Stein ist sehr schwer, und er schmerzt auf meinen Kopf. Sag, Bruder Kojote, gibt es Dankbarkeit oder gibt es keine?

*Steine, Erde, Wasser, Pflanzen, Sonne, der Mond, der Baum, die Schlange, der Bär und der Adler sind uns heilig. Vergeßt es nicht, vergeßt es niemals: Auch ihr seid ein Teil davon.*

»Es gibt keine Dankbarkeit«, sagte der schlaue Kojote, »und eben deswegen komm, Bruder Esel, laß ihn dort liegen.«

Die Geschichte hat sich unter den Brüdern sehr schnell herumgesprochen. Der Puma hat sie dem Adler erzählt und dieser der Schlange, und das Kaninchen hat es dem Bären erzählt und dieser der Schildkröte, weswegen keiner bis heute einem Bruder Alligator hilft, wenn er in Not geraten ist.

◉ Es spricht einer der Unseren mit einem weißen Mann: »Hast du jemals das Flattern eines Türkis-schmetterlings gesehen? Kennst du wirklich, was die Liebe zu menschlichen Wesen ist? Kennst du die Nähe und das Zusammensein? Die schöne Sprache des Gesangs der Vögel? Das Pfeifen des Winds? Hast du die Zeit, um die Farben der Blumen zu be-obachten? Kennst du vielleicht die herrliche Jade-farbe der Lagunen und der Flüsse? Aber vielleicht kennst du das, was die Natur uns lehrt: den dunklen Tag und den hellen Tag? – Nicht? Nein!

Du kennst nur die Rüstung, das Schwert, die Kano-ne. Die Habsucht, die Plünderung, die Destruktion. Aus deinem Mund kommt Schande über meine Brü-der, meine Farbe und meine Gewohnheit. Deine Hand kam nicht, um mein Leben zu geleiten, deine Hand kam, um sich aufzudrängen, zu zwingen, zu stehlen, zu töten.

Du hast meine Söhne getötet, du hast meine Schwe-stern vergewaltigt, du hast unsere Alten gemeuchelt und unsere Gelehrten gemordet! Du hast den Mais auf unseren Feldern verbrannt und die Bücher mit unseren Aufzeichnungen. Du tratest unsere Fahne mit den Füßen, du hast meine heiligen Länder über-fallen und unsere Mutter Erde mit dem Blut der Mei-nen bedeckt.

Aber du wirst nicht gewinnen, weißer Mann. Denn du bringst dich und deine Kinder um! Meine Nachkommen werden den ganzen Groll und die Verachtung, die ich für dich, gegen dich fühle, bewahren! Das Donnern deiner Kanonen wird sie nicht mehr erschrecken. Deine falschen Augen werden sie nicht mehr täuschen. Und wenn sie bei eurem Anblick wütend werden, wird dein Mund sie nicht mehr belügen und beschimpfen. Deine Hände werden sie nicht mehr mit glühenden Eisen markieren, sondern sie werden deine weiße Haut sehen und sich aller Widerwärtigkeiten und Völkermorde erinnern, die du uns zugefügt hast. Sie werden versuchen, dich zu verstehen. Aber sei vorsichtig, weißer Mann, denn deine vielfältige List kennen wir schon! Und mit deinen eigenen Waffen verteidigen wir uns.

Aber, weißer Mann ... willst du das wirklich? Sei heute gut! Denn wir verzeihen, vergessen aber nie.«

◎ Es ist gut für den Menschen, seinen Kopf in den Wolken zu haben und seine Gedanken zwischen den Adlern wohnen zu lassen. Aber er sollte auch daran denken: Je höher der Baum in den Himmel hinaufwächst, desto tiefer müssen seine Wurzeln in das Herz von Mutter Erde hinabdringen.

*Niemand wird sich in Jade,*
*niemand wird sich in Gold verwandeln.*
*Auf der Erde wird er aufbewahrt bleiben.*
*Alle werden dorthin gehen,*
*in das Haus der Stille.*

• *Nezahualkoyotl*

◎ Wenn bei uns ein Kind geboren wird, dann ist es wichtig, daß alle anderen Brüder und Schwestern davon erfahren: der Bär, der Puma, der Büffel, die Klapperschlange, der Biber, die Schildkröte, der Adler. Aber auch der Wind, die Bäume, die Gräser und Kräuter sollen von der guten Neuigkeit wissen. Wir halten deshalb eine Zeremonie ab, in der wir alle diese Brüder und Schwestern laut anrufen, daß sie uns nicht überhören können:

*»Ho howa ho! Alle da oben am Himmel.*
*Ihr, die ihr da oben in der Luft fliegt ...*
*Ho howa ho! Ihr alle hier auf der Erde.*
*Ihr, die ihr schnell laufen könnt,*
*die ihr euch in den Wäldern aufhält.*
*Und ihr, die ihr still steht,*
*weil ihr Wurzeln habt ...*
*Ho howa ho! Ihr alle, die ihr in den Wellen*
*schwimmt, und auch ihr Bäche und Seen,*
*und auch ihr, ihr noch viel größeren Wasser ...*
*Ho howa ho! Hört alle zu:*
*Ein neuer Bruder (eine neue Schwester)*
*kam in eure Mitte.*
*Wir bitten euch, seid ihm wohlgesonnen,*
*seid ihm alle wohlgesonnen.*
*Ebnet ihm den Weg, damit er weit*
*zu den vier Brüdern Himmelsrichtungen*
*hinaus wandern kann.*
*Ho howa ho!«*

# BEHÜTET DIE FRAUEN

*Ihr Brüder, seid gut mit euren
Schwestern, denn sie sind
doch die andere Hälfte von euch selbst*

Nach unserem Ritualkalender sind wir Erdenmenschen »dreizehn Zyklen von zwanzigmal die Sonne sehen« im Leib unserer Mutter. Nach dieser Zeit kommt das Kind zu den anderen Brüdern und Schwestern. In eurer Sprache sagt ihr, daß die Frau das Kind zur Welt bringt. Unsere Frauen sind sehr erstaunt, daß sich ihre weißen Schwestern dazu auf den Rücken legen. So etwas kennen sie nicht, sie gehen zur Geburt in die Hocke. Das ist viel einfacher, weil sich eine Frau in der Hocke leichter öffnen kann. Und Mutter Erde hilft mit der großen Kraft, die ihr Weißen Erdanziehung nennt, das Kind aus dem Leib der Mutter herauszuziehen.

Doch das ist nicht der einzige Unterschied. Während viele eurer Frauen in ein Krankenhaus gehen, ziehen sich unsere Frauen in die Schwitzhütte zurück. Sie sind dort nicht allein, sie werden von anderen Frauen aus dem Dorf begleitet. Ich habe noch nie gehört, daß eine unserer Frauen über eine schwere Geburt geklagt hätte. Das liegt daran, daß sie sich während

der dreizehn Zyklen von zwanzigmal die Sonne sehen intensiv auf die Geburt vorbereiten. So kauen sie verschiedene Kräuter oder brühen einen Tee davon. Eines dieser Kräuter ist Cohosh, eine Pflanze, deren Wurzel zerstampft und vier mal vier Tage vor der Geburt als Tee getrunken wird. Cohosh bedeutet in der Sprache meiner Brüder Ojibwa soviel wie »Behütet die Frauen«. Es ist ein Hahnenfußgewächs, das eine muskelentkrampfende Substanz enthält. Sie beschleunigt die Einleitung der Wehen und stimuliert die Uterusmuskulatur.

*Die Alten sagen: Halb gut nur ist ein Gesetz und der Ratschluß, wenn es ohne die Frauen beschlossen wird.*

Wenn unsere Kinder geboren sind, werden sie nicht gleich von der Mutter weggebracht und gewaschen. Wir legen sie so, wie sie auf die Welt kamen, auf den Körper der Mutter, damit sie ihre Wärme spüren und an ihrer Brust saugen können. Doch das wird inzwischen auch bei euch so gemacht. In manchen eurer Krankenhäuser aber hat sich nichts geändert: Die Babys werden nur zum Stillen zur Mutter gebracht, den Rest des Tages und der Nacht liegen sie in ihrem Bettchen und sind allein. Haben Mutter und Kind das Krankenhaus verlassen, sorgen Kinderwagen und Wiege für eine weitere Entfremdung.

Das Stillen wird oft zu früh abgesetzt oder es wird gar nicht gestillt. Anstelle von Muttermilch gibt es künstliche Säuglingsnahrung. Bei uns wird die Milch der Frauen mit großem Respekt behandelt. In der Zeit der Ahnen hat man sogar die Milch, die übrig war, Priestern, Astronomen und Kriegern zu trinken gegeben.

Später, wenn eure Kinder größer geworden sind, schickt ihr sie in Krabbelstuben, Kindergärten und Horte. Weil viele Eltern keine Zeit für ihre Kinder haben, und weil sie vielleicht auch keine Zeit für sie haben wollen. Unsere Kinder lassen wir nie allein. Immer sind sie von Großeltern, Onkeln und anderen Verwandten umgeben. Sie sitzen zusammen, erzählen Geschichten und singen sich Lieder vor. Wohin die Eltern auch gehen, ihre Kinder gehen mit.

◉ Huehueteotl heißt »Die verehrte, alte Energie«. Jeder von uns verehrt Huehueteotl, denn es heißt bei uns, wer ihn verehrt, verehrt auch die alten Menschen. Und wer die alten Menschen verehrt, der verehrt das Leben.

◉ Wir Indianer töten Bäume nur, wenn wir sie brauchen: ihr Holz, wenn wir ein Kanu bauen, ihre Äste, wenn wir ein Zelt aufstellen. Wir Indianer töten Tiere nur, wenn wir sie brauchen: ihr Fleisch, weil wir sonst hungrig sind, ihr Fell, weil wir unsere Zelte und Hütten damit bedecken. Wir sprechen auch mit dem Geist der Tiere und der Bäume, die wir getötet haben:
»Ich bedanke mich bei dir, Bruder Baum, und auch bei dir, Bruder Hirsch, den ich getötet habe. Und ich bedanke mich bei dir, Bruder Bär. Ich bedanke mich bei dir, Bruder Büffel, den ich getötet habe. Ich mußte es tun, denn ich war hungrig. Auch unsere Frauen und Kinder waren sehr hungrig. Doch wir werden nichts verschwenden: nicht dein Fleisch und auch nicht dein Geweih, nicht dein Fell und auch nicht deine Knochen. Und nun will ich Mutter Erde danken, daß sie uns alle erschaffen hat.«

◉ Tragt keinen Zorn im Herzen und hegt gegen niemanden Groll. Denkt nicht immer nur an euch und an eure eigene Generation. Vergeßt nicht, daß ihr die Ahnen vieler Ahnen vieler Generationen sein werdet. Denkt an die Kinder der Kinder, die nach euch kommen werden. Denkt an die, die noch nicht geboren sind und deren Gesichter noch im Schoß unserer Mutter Erde verborgen sind. Denkt an sie, bei allem, was ihr tut.


◉ Menschen, die immer nur arbeiten, haben keine Zeit zum Träumen. Aber nur wer träumt, findet Weisheit. Das Träumen ist für uns Indianer sehr wichtig. Der weiße Mann wird das nicht verstehen, aber in den Träumen erzählen die Medizinen dem Heiler von ihrer Kraft, in den Träumen erfahren wir den Namen, den wir tragen sollen, in den Träumen kündigen sich Ereignisse an, in den Träumen erhalten wir Botschaften, in den Träumen sprechen die Geister zu uns.

⊚ Die Schwitzhütte ist ein sehr wichtiger Platz für uns. Es ist auch ein Platz von großer spiritueller Kraft. Deshalb kann man eine Schwitzhütte nicht irgendwo aufbauen. Unsere Medizinmänner, Medizinfrauen und Heiler verwenden sehr viel Konzentration, um den besten Platz für eine Schwitzhütte auszusuchen. Wenn wir in die Schwitzhütte gehen, sind wir alle nackt. Wir tragen keinen Schmuck, wir haben keinen Rang. Wir sind alle gleich, gleich wie am Anfang unseres Lebens, als wir Söhne und Töchter von Mutter Erde wurden. In den Zeremonien, die in der Schwitzhütte stattfinden, werfen wir unseren ganzen Haß, unsere ganze Hochnäsigkeit von uns. Wir lassen an dieser Stelle unsere ganze Aggression. Wir werfen alles von uns, was uns davon abhält, glücklich zu sein. Und weil in der Schwitzhütte sehr große Dunkelheit ist, braucht sich niemand dabei zu schämen.

◉ In den Ländern und in den Städten der Weißen werden die Alten nicht respektiert. Weiß man denn nicht, daß sie die Säulen eines Gebäudes sind und daß ohne diese Säulen das Gebäude keine Kraft hat? Die alten Menschen ernähren uns doch mit ihrem Wissen und ihrer Weisheit. Wir sprechen deshalb unsere Alten mit großem Respekt und Anerkennung an, indem wir sagen »sehr verehrtes Mütterlein« oder »sehr verehrtes, hochgeehrtes altes Väterlein«. Doch in den Ländern und Städten der Weißen habe ich gesehen, daß viele von euren Alten keine Weisheit haben. Sie beklagen sich viel, sind mit ihrem Leben unzufrieden, sie haben keine Freude in ihrem Herzen. Das macht mich traurig, denn wie wollt ihr von ihrem Beispiel lernen?

◉ Wenn die Weißen den Wind fauchen und einen Bach gurgeln hören, wenn sie die Blätter rascheln und den Baum knarzen hören, dann sind das für sie nur Lärm und Geräusche. Für uns sind es Signale, Mitteilungen und Nachrichten von unserer Mutter Erde. Doch in eurer Welt ist es so laut geworden, daß die stillen Gespräche, die unsere Brüder Flüsse und unsere Brüder Bäume, unsere Brüder Wolken und unser Bruder Wind führen, gar nicht mehr zu hören sind.

# WIND DER NEUN SCHLANGEN UND WIND DER NEUN HÖHLEN

*Wie Pumaschlange und
Jaguarschlange
ihre Kinder bestraften*

Viele unserer Geschichten erzählen von den Zeiten lange vor den Zeiten der Ahnen unserer Ahnen. Diese hier hat mir ein Bruder der Mixteka berichtet.
Es war die Zeit der Dunkelheit und der Finsternis. Die Sonne und der Mond waren noch nicht erschienen, es gab deshalb keine Tage und keine Jahre, es gab überhaupt keine Zeit. Es gab weder Bäume, noch gab es Tiere, das Wasser war unsortiert, so daß es keinen Platz gab, an dem nur eine einzige Kreatur hätte leben können.
Da geschah es, daß zwei Energiewesen in menschlicher Gestalt erschienen. Sie hießen Pumaschlange und Jaguarschlange. Aufgrund ihrer Weisheit beschlossen sie, einen Anfang zu setzen, und aufgrund ihrer Zauberkraft konnten sie diesen Beschluß auch in die Realität umsetzen. So konzentrierten sie ihre Zauberkraft, hoben einen mächtigen Fels aus dem Wasser und bauten darauf einen prächtigen Palast,

der ihnen als Wohnung diente. Aus der höchsten Spitze des Felsens brachen sie ein scharfes Stück, woraus sie eine Steinaxt machten. Diese legten sie mit der Spitze nach oben, so daß der Himmel und die Wolken darauf ruhen konnten. Deshalb wird dieser Platz von meinen Brüdern »Ort, wo der Himmel ruht« genannt.

Pumaschlange und Jaguarschlange lebten hier in großer Ruhe und Zufriedenheit. Da geschah es, daß Pumaschlange und Jaguarschlange sich vermählten und zwei Söhne bekamen. Nach dem Tag ihrer Geburt nannte man sie »Wind der neun Schlangen« und »Wind der neun Höhlen«. Sie waren schön von Gestalt und kenntnisreich in allen Künsten. Sie entwickelten die Astronomie und die Magie, man sagte von ihnen, sie könnten sich sogar in Adler und Schlange verwandeln, sich unsichtbar machen und durch Steine, Mauern und Felsen hindurchgehen.

Während Pumaschlange und Jaguarschlange in großer Freude und in großem Frieden lebten, beschloßen Wind der neun Schlangen und Wind der neun Höhlen, ihren Eltern ein Opfer zu bringen. Sie entzündeten Räucherholz und Tabak und bliesen den Rauch zum Himmel empor, so wie wir das heute noch machen, wenn wir Mutter Erde und Vater Sonne verehren. Und weil Wind der neun Schlangen und Wind der neun Höhlen neben ihren Kenntnissen in Magie und Astronomie auch großes Wissen und viel

Geschick für den Ackerbau hatten, beschlossen sie, einen Garten mit Gräsern und Bäumen, Kräutern und anderen fruchttragenden Gewächsen anzulegen. In diesem Garten bereiteten sie am zentralen Platz einen Ort, der für das Opfern geeignet war. Die Bäume und die Gräser gediehen und Wind der neun Schlangen und Wind der neun Höhlen waren ebenso glücklich wie ihre Eltern.

Doch dann geschah es, daß Wind der neun Schlangen und Wind der neun Höhlen sich mit ihrem Garten nicht mehr zufriedengaben. Er war ihnen zu klein, und sie wollten mehr Bäume, die Früchte tragen. »Laß uns unseren Eltern ein Bittopfer darbringen, damit sie mehr Wasser vom Land teilen und wir unseren Garten vergrößern können«, meinte Wind der neun Schlangen zu Wind der neun Höhlen. Und so

*Respektiere die Ahnen deiner Ahnen, respektiere deinen Großvater, respektiere deine Großmutter. Respektiere deinen Vater und deine Mutter und alle Wesen und Dinge, mit denen du zusammenlebst.*

taten sie auch. Doch alle Rituale und alle Zeremonien nützten nichts, und alle Tabakopfer konnten Pumaschlange und Jaguarschlange nicht bewegen, denn sie waren voll Weisheit und kannten das rechte Maß und die richtige Zeit.

Doch Wind der neun Schlangen und Wind der neun Höhlen wurden ungeduldig, und sie begannen mit dem Willen ihrer Eltern zu hadern. Um ihren Bitten und ihren Opfern noch mehr Kraft zu verleihen, begannen sie sich die Zungen und die Ohren mit spitzen Feuersteinen zu durchstechen und das Blut, das aus ihren Körpern schoß, zu verspritzen: mit Wedeln aus Baumzweigen auf alle Bäume und Pflanzen ihres Gartens und sogar hinaus bis zum »Ort, wo der Himmel ruht«.

Da fühlten sich Pumaschlange und Jaguarschlange von der Mächtigkeit der Opfer gezwungen. Sie berieten sich lange, was zu tun wäre, und setzten eine große Sintflut in Gang, die selbst den Garten ihrer Kinder hinwegspülte. Erst nachdem die Katastrophe vorüber war, trennten sie das Wasser erneut vom Land und erneuerten die Menschen.

Meine Brüder und Schwestern erzählen diese Geschichte, damit sie uns erinnert, das Wissen der Alten und das Maß zu respektieren. Wir erzählen diese Geschichte jenen, die mit dem, was sie haben, nicht zufrieden sind.

Unter dem vielen, das wir verehren, sind vier Brüder zu erwähnen, die wir »Die vier Brüder Himmelsrichtungen« nennen. Als der große Geist, der keinen Namen, keinen Körper und kein Gesicht hat und von dem es deshalb auch keine Bilder gibt, diesen vier Brüdern auftrug, den Himmel zu halten, damit er nicht herunterfalle, ging jeder von ihnen in eine andere Richtung, so daß er von seinem Bruder nur den Rücken sah. Und so gingen sie sehr weit auseinander. Man sagt sogar, daß die vier Brüder Himmelsrichtungen an den Ecken der Welt, wo sie ihrer Aufgabe nachkamen, die große Flut überdauert haben, als alles andere ein Ende in dem endlosen Wasser gefunden hatte.

Jedem von ihnen haben wir einen eigenen Namen gegeben. Und jeder Name weist auch die Weltrichtung, in der sie ihrer Aufgabe nachkommen. Im einzelnen sind dies der weiße und der gelbe, der schwarze und der rote Bruder Himmelsrichtung. Es heißt auch, daß sie die Geister in den Winden sind.

🌀 Die Alten erzählen, daß in der Zeit der Ahnen eine Herrscherin ins Land gekommen sei. Ihr Name war Kumizahual, was soviel wie »Fliegende Jaguarfrau« bedeutet. Der Name war gut gegeben, denn wir Indianer verehren den Jaguar wegen seines Mutes, seiner Kraft und seiner Schönheit. Und all dies war auch über diese Frau zu berichten. Kumizahual schlug ihren Wohnsitz in einer fruchtbaren Ebene auf, es ist der Platz, an dem unsere Ahnen Steinfiguren mit Pumaköpfen und Schlangenköpfen aufgestellt haben. Ferner findet sich dort heute noch ein großer Stein mit drei Spitzen, deren jede drei Gesichter trägt. Die Alten sagen, daß ihn die Herrscherin mit großer magischer Kraft durch die Lüfte getragen und mit der Kraft des Steins ein großes Reich aufgebaut habe.

*Das solltet ihr wissen: Nur wer die Weisheit hat, soll die Gesetze machen.*

Komizahual hatte drei Söhne, doch es wird weiter erzählt, daß sie nie verheiratet gewesen sei. Andere sagen, daß diese drei Männer ihre Brüder gewesen seien, und daß sie nie mit einem Mann zu tun gehabt habe. Als sie das Alter auf sich zukommen sah, zeigte sich ihre Weisheit. Denn sie teilte ihre Länder unter ihren Söhnen, die auch ihre Brüder sein konnten, auf. Doch zuvor gab sie ihnen noch gute Ratschläge, wie sie die Menschen ihres Volkes zu behandeln und die Länder zu schützen hätten und wie der weise Herrscher in Harmonie mit den ewigen Gesetzen regiert. Dann ließ sie ihr Bett aus ihren Gemächern tragen. Doch wo Trauer erwartet war, rollte plötzlich der Donner, und es schlug mächtige Blitze. Und als dieses vorüber war, sah man einen prächtigen Vogel davonfliegen. Und da die Herrscherin unsichtbar und verschwunden blieb, waren die Ahnen überzeugt, daß sie sich in einen Vogel verwandelt hatte, als solcher zum Himmel geflogen und nur als Mensch gestorben sei.

Die Alten erzählen, daß es im Himmel Weiber geben soll, die keine Haut und kein Fleisch an ihrem Körper tragen. Sie heißen Tzitzimitl, das sind »die Weiber, die uns die unheilvollen Vorzeichen bringen«. Sie warten dort im Himmel, um alles zu fressen, wenn das Weltende gekommen ist. Die Frage, wann dieses Ende komme, konnten auch die Ahnen nicht beantworten. Sie wüßten nur soviel über das Ende, daß es eben kommen werde, und zwar dann, wenn die Tage der Energien, die ihr Götter nennt, gezählt seien und die Sonne nicht mehr scheinen würde, weil sie von Tezkatlipoka geraubt wurde.

❻ Man wirft mir manchmal vor, ich fände zu harte Worte für die Weißen. Doch es ist nur Trauer, die aus meinen Worten spricht. Wie auch Trauer aus der Rede von »Stehender Bär«, einem Bruder von den Lakota, spricht:

»Ich kenne keine Pflanzen-, Vogel- oder Tierarten, die ausgerottet wurden, bevor der weiße Mann kam. Einige Jahre nachdem die Büffel verschwunden waren, gab es noch große Antilopenherden. Die Jäger hatten kaum ihr Werk vollendet und die Büffel abgeschlachtet, da wandten sie sich den Antilopen zu.

Für den Weißen waren die heimischen Tiere wie die eingeborenen Menschen nur ›Schädlinge‹, die ›vertilgt‹ werden mußten. Auch Pflanzen, die dem Indianer von Nutzen waren, wurden zu ›Schädlingen‹ erklärt. In unserer Sprache gibt es keinen Ausdruck, der der Bedeutung dieses Wortes entspricht.

Was die Beziehung zur Natur betrifft, so gab es zwischen der Haltung des Indianers und der des Weißen einen großen Unterschied: Der eine wurde zum Schützer und Bewahrer der Natur, der andere zu ihrem Zerstörer. Die Indianer und alle Geschöpfe, die hier geboren wurden und lebten, hatten eine gemeinsame Mutter – die Erde. Deshalb war er verwandt mit allem, was lebt, und er gestand allen Geschöpfen die gleichen Rechte zu wie sich selbst.

Die Haltung der Weißen war anders: Der Weiße verachtete die Erde und was sie hervorbrachte. Da er sich selbst für ein höheres Geschöpf hielt, nahmen alle übrigen Geschöpfe in seiner Rangordnung eine niedrigere Stellung ein. Und so handelte er auch. Er maßte sich an, über Wert und Unwert des Lebens zu bestimmen, und ging schonungslos an sein Zerstörungswerk. Wälder wurden abgeholzt, der Büffel ausgerottet, der Biber umgebracht und seine bewundernswert gebauten Dämme gesprengt, sogar die Vögel der Luft wurden zum Schweigen gebracht. Riesige grasbewachsene Prärien, die die Luft mit süßem Duft erfüllten, wurden umgeackert. Quellen, Bäche und Seen, die ich in meiner Kindheit noch kannte, sind ausgetrocknet und verschwunden. Ein ganzes Volk wurde gedemütigt und dem Tod preisgegeben.

So ist der weiße Mann für alle Wesen auf diesem Kontinent zum Sinnbild der Vernichtung geworden. Zwischen ihm und dem Tier gibt es keine Verständigung, und die Tiere haben gelernt zu fliehen, wenn er sich nähert. Denn wo er lebt, ist kein Platz für sie.«

❂ Für uns Indianer ist es von großer Bedeutung, wenn Geister uns eine Vision vermitteln. Spüren wir, daß sie mit uns sprechen wollen, ziehen wir uns in die Wälder oder in die Berge zurück, fasten, meditieren und warten dort, bis sie uns besuchen. Wir sprechen nicht über unsere Visionen, wir erzählen sie nicht im Dorf, denn das gefiele den Geistern nicht. Einige von uns, die große schamanische Kraft haben, bekommen die Erlaubnis, von ihren Visionen zu berichten. Hehaka Sapa war einer von ihnen. Er spricht:

»Ich stand auf dem höchsten aller Berge, und ringsum in der Tiefe lag der ganze Erdenkreis. Und während ich dort stand, sah ich mehr, als ich erzählen kann, und verstand mehr, als ich sah. Denn ich schaute in heiliger Entrückung die Gestalt aller Wesen, und ich sah die Form aller Formen im Geist und wie alle Wesen eins wurden. Und ich sah, daß der heilige Ring meines Volkes einer von vielen Ringen war, die miteinander einen Kreis ergaben, weit wie das Licht des Tages und das Licht der Sterne, und in der Mitte dieses Kreises wuchs ein mächtiger, blühender Baum, der allen Kindern der einen Mutter und des einen Vaters Schutz gewährte.

Die, die es gemacht haben, wie es ist, haben viele Geschöpfe in die Welt gesetzt, und alle sollen glücklich sein. Jedes Wesen, jedes kleine Etwas erfüllt einen bestimmten Zweck. Auch es soll glücklich sein und die Kraft besitzen, glücklich zu machen. Wie die Gräser auf einer Wiese sich einander freundlich zuneigen, so sollen auch wir es tun, denn die, die es gemacht haben, haben es so gewollt.«

Ich kam mit einer bronzefarbenen Haut auf die Welt, und ich fühle mich wohl damit. Manche meiner Brüder wurden mit weißer oder schwarzer oder gelber Haut geboren. Man hat sie nicht gefragt, und doch ist es gut so. Es gibt gelbe Rosen, weiße Rosen und rote Rosen, und jede ist schön. Ich hoffe, daß meine Kinder in einer Welt leben werden, in der die Menschen aller Hautfarben miteinander auskommen und zusammen arbeiten, ohne daß die Mehrheit versucht, die anderen nach ihrem Willen umzuformen.

• *Tatanga Mani*

# DIE SPINNE,
# DIE DAS FEUER HOLT

*Wie die Schlange, der Puma und der Bär*
*über »Die Spinne,*
*die das Feuer holt« lachten*

Die Alten erzählen: Es war zur Zeit vor den Ahnen der Ahnen. Da war es kalt auf der Schildkröteninsel, denn es gab noch kein Feuer. Die Symbole der verschiedenen Energien sahen die Not der Erdenmenschen, und so schickten sie einen Teil ihrer Energie zu ihnen, damit sie das Feuer bekämen.

Die Alten erzählen weiter: Es sei ein Blitz gewesen, der einen alten Baum inmitten eines Sumpfes lichterloh entzündete. Doch weil er mitten in einem Sumpf stand, konnten die Erdenmenschen nicht hinüber zum Baum gehen, um sich Feuer zu holen.

»Bruder Habicht, wie wäre es mit dir?« fragte da einer der Erdenmenschen den Vogel. »Könntest du hinüberfliegen und etwas von der Glut holen?«

Der Habicht breitete die Flügel aus und flog in die Wipfel des brennenden Baums. Dort erblickte er die glühenden Äste, so daß er selbst rote Augen bekam und wieder zu den anderen zurückkehren mußte, ohne von der Glut mitzubringen.

»Laßt das mich machen«, sagte da der Rabe, breitete

seine Flügel aus und flog hinüber zum brennenden Baum. Doch auch ihm erschien die Sache einfacher. Je näher er kam, um so mehr wurden seine Federn von der Hitze versengt, bis sie selbst ganz schwarz waren. Er mußte also umkehren, ohne den Erdenmenschen einen Funken Glut mitzubringen.

Auch die Eule versuchte, was ihren Brüdern nicht gelungen war. Doch auch sie konnte nicht helfen. Vom beißenden Rauch, der sie zur Umkehr zwang, bekam sie weiße Ringe um ihre Augen, die man heute noch sehen kann.

»Ihr gefiederten Brüder«, sagte da die Schlange, »das ist eine Aufgabe für mich. Ich werde hinüberschwimmen.« Doch kaum, daß sie drüben angekommen war und versuchte, sich am Stamm des brennenden Baums hochzuwinden, verspürte sie die große Hitze und begann sich zu winden und krümmen, wie es Schlangen heute noch tun. Sie kehrte um, ohne auch nur ein einziges Stück Glut mitzubringen.

Und auch der Bär und der Puma kamen mit großen Worten, doch der Erfolg ihrer Taten war klein.

»Laßt das mich machen«, sagte da die Spinne, worauf alle lachten, denn keines der großen Tiere konnte sich vorstellen, wie die kleine Spinne die Aufgabe lösen wolle. Da streckte die Spinne ihren Körper in den Wind und gab ihm einen langen Faden mit, der weit hinüber bis zum brennenden Baum wehte. An ihm verfing sich eine Stück auffliegender Glut, das die Spinne sofort zu sich und zu den anderen Brüdern und Schwestern holte, indem sie ihren eigenen Faden auffraß.

»Wir haben dich verlacht«, sprach der Bär, der weiseste unter den Tieren, »jetzt wissen wir, daß die Kleinen und Schwachen die größte Hilfe geben können. Wir nennen dich fortan ›Die Spinne, die das Feuer holt‹, und keiner soll über deinen Namen lachen, bevor er nicht diese Geschichte gehört hat.«
Das ist der Grund, warum sie hier erzählt wird.

◉ Die Alten haben uns erzählt: Wenn es dunkel wird und die Erdenmenschen müde werden und einschlafen, beginnen die Geistenergien mit ihrem mannigfaltigen Wesen und Unwesen. Einige verwandeln sich in Träume. Und wie es gute und schlechte Geistenergien gibt, gibt es gute und schlechte Träume. Schlechte Träume bringen Krankheiten oder sie sind ein Zeichen für bösen Zauber.

Die Alten haben erzählt, wie man es macht, damit böse Träume uns nicht erreichen können:

»Es war eine Ahnfrau, die sehr unglücklich war. Denn sie hatte ein Kind, das jede Nacht mit den Kojoten weinte, weil ihr im Schlaf böse Träume böse Geschichten erzählten. Und weil die Ahnfrau keine Hilfe mehr wußte, bat sie die Spinnenfrau um ihren Rat. Spinnenfrau war viel älter als Ahnfrau und von großer Weisheit. Sie bog aus dem Holz der Bäume, die am Wasser wachsen, einen Ring, nicht größer als der Kopf des Kindes. Dann verwandelte sie sich in eine Spinne und spann Fäden in den Ring, kreuz und quer. Als sie damit fertig war, flocht sie Gegenstände von großer magischer Kraft in das Netz: die Rassel der Klapperschlange, die Wurzel einer Zauberpflanze, einen bunten Stein, das Haar des Bären und des Büffels. Und viele andere Gegenstände mehr, alle von großer magischer Kraft. ›Nimm es und hänge es über die Wiege. So wird kein böser Traum mehr Kraft über dein Kind bekommen. Es wird bewirken, daß keine schlechte Energie mehr in euer Tepee kriecht, es wird alle diese Kräfte fangen und sammeln, und am Morgen werden sie mit der Nacht verschwinden. Zeige das Netz deinen Brüdern und Schwestern, und webt euch selbst Netze, damit die bösen Träume auch ihre Macht über deine Brüder und Schwestern verlieren.‹ Und so ging die Ahnfrau in ihr Dorf zurück und tat, wie ihr geraten.«

Und wie es die Ahnfrau von der Spinnenfrau gelernt hat, so machen wir es heute noch: Wir biegen den Zweig vom Baum am Wasser zum Ring und flechten Gegenstände von magischer Kraft in ein Geflecht aus dünnen Därmen. Da sind also Perlen, da sind also das Haar des Pumas, der Zahn des Bären, da sind Muscheln und Steine. Wir hängen den Traumfänger über unseren Schlafplatz oder tragen einen kleineren davon auf unserem Kopf. Wir Azteken weben auch viele Federn in dieses Geflecht, denn Federn haben eine besonders große magische Kraft. Wir nennen so einen Traumfänger in unserer Sprache Titlahtin. Das bedeutet: »Das, was mich beruhigt«.

*Mein Haus ist aus den Federn des Ketzalivogels.*
*Es ist rot und gelb.*
*Mein Haus ist auch aus Muschelschale.*
*Es ist rot und weiß und gelb.*
*Es ist mein Haus, das ich nun verlassen soll.*
*Kein Lied kann meine Trauer singen.*

• *Aztekisches Lied*


*Das Feuer ist uns heilig*
*und die Nacht.*
*Vater Sonne ist uns heilig*
*und Mutter Erde.*
*Großmutter Mond ist uns heilig*
*und das Wasser, der Wind und die Wolken.*
*Der Flug des weißen Adlers ist uns heilig*
*und auch die Klapperschlange.*
*Der Kojote ist uns heilig*
*und selbst die kleine Heuschrecke.*

• *Aztekisches Lied*

☺ Wir haben gesehen, daß bei den Weißen die einen sehr viel erworben haben, andere aber sehr arm sind. Wir haben weiter gesehen, daß die mit viel Besitz nur wenig für ihre benachteiligten Brüder tun. Das verstehen wir nicht.

*Überlegt, ihr großen Herren,*
*ihr Adler und ihr Jaguare:*
*Obwohl ihr aus Jade seid,*
*obwohl ihr aus Gold seid,*
*auch ihr geht dorthin zurück,*
*zum Platz der Abgemagerten.*

• *Nezahualkoyotl*

☺ Als eure Ahnen zu uns kamen, haben sie ein gelbes Metall gesehen, das bei uns Azteken häufig war. Was für uns »Schweiß der Sonne« bedeutet, nannten sie Gold. Ihre Augen haben sie gierig aufgerissen, sie sind gesprungen und haben vor Freude gejubelt. Die Armen, die nicht wußten, daß Gold nicht zu essen ist.

# DER VERLIEBTE KOJOTE

*Wie Kojote sich in Sternfrau verliebte
und warum Bruder Hase
nach Art der Blitze laufen kann*

In den Tagen vor den Ahnen war Bruder Kojote ein Geistkojote. Wie es die Art dieser Brüder ist, schlief er, wenn Vater Sonne am Himmel stand, doch kaum, daß Großmutter Mond ihr Gesicht zeigte, erwachte Bruder Kojote und machte seine Runde. Da sahen ihn die anderen Brüder und Schwestern, wie er saß und mit gestrecktem Hals heulende Lieder in den Himmel schickte.

»Was ist dir, daß du so heulst, Bruder Kojote?« fragte die Schildkröte, die von dem jammernden Gesang wach geworden war.

»Mein Herz hat sich einer Schwester zugewandt, es brennt vor Hinwendung«, antwortete der Kojote.

»Das ist doch kein Grund, die Stunden des Mondlichts mit jaulendem und bellendem Gesang zuzubringen und deiner Bruderschwesterschaft den Schlaf zu rauben«, sagte die Schildkröte mürrisch.

»Bruder Kojote, gehe zu dieser Schwester hin und mache mit ihr, was gemacht wird, wenn es Liebe ist.«

Doch diese Rede führte nur dazu, daß Bruder Kojote

ein noch größeres Jaulen und Jammern aus seiner Kehle stieß, so daß auch Bruder Hase erwachte und schauen ging, was sich vor seiner Höhle zutrage. Er kam gerade herbei, als Bruder Kojote voll großer Trauer erzählte, wie es gekommen war, daß er so unglücklich sei.

Und das war so: Bruder Kojote saß wie immer zu den Stunden des Mondlichts in der Prärie und beobachtete die Sterne. Da war ein weiblicher Stern, schöner als alle anderen. Der Kojote verliebte sich in seinen Glanz und Schimmer und saß jede Stunde des Mondlichts und bat, er möge doch auf seiner Wanderschaft über den Himmel zu ihm herabkommen und seine Liebe erhören. Doch nichts geschah. So kam Trauer und Sehnsucht über ihn, und mit jeder Stunde des Mondlichts wurde die Trauer tiefer und die Sehnsucht schneidender.

»Ich dachte, ihr Brüder Kojoten überragt uns alle an Schlauheit und Kenntnis des Lebens«, sagte der Hase, nachdem er die Geschichte zu Ende gehört hatte. »Ich hätte schon längst eine Lösung gefunden.«

»Du Kenntnisloser, hättest du dir die Flügel des Raben ausgeliehen, um zu ihr zu kommen? Wo sie doch selbst für den Flug des Adlers zu weit im Himmel ist«, entgegnete Bruder Kojote voll Spott und noch größerer Trauer, so daß seine Rede nur mehr Gejaule und Geheule war.

»Wenn du deutlich deine Einwilligung kundtust, daß

der Große Geist uns Brüder Hasen fortan mit der Gabe des blitzgleichen Hakenlaufs beschenkt, dann will ich dir verraten, wie du deiner geliebten Sternschwester nahe sein wirst.«

Bruder Kojote brauchte nicht lange seine Gedanken zu pflegen, er willigte ein. Die Schildkröte wurde zum Zeugen des Kontrakts bestimmt, so daß auch Bruder Wind und Bruder Bär, Bruder Baum und Bruder Adler die Neuigkeit erfuhren.

»So sag, und sag es sofort und mit großer Eile, wie kann ich meiner geliebten Sternschwester nahe sein«, drängte Bruder Kojote.

»Deine Aufmerksamkeit war nicht scharf, du hast immer nur dein Herz voll Sehnsucht in den Himmel sprechen lassen. Doch wende dein scharfes Auge weg von dem Ort, wie die Geister hoch oben fliegen, und hinüber in die Ferne, wo die Brüder Berge wachen. Dort, hinter die Spitze des höchsten, wandert gegen jeden Morgen deine geliebte Sternschwester, um sich von ihrem Weg über den Himmel auszuruhen. Ich habe sogar selbst beobachtet, wie sie für kurze Zeit die Schulter des großen Bruder Berg berührt, ehe sie sich dahinter auf ihre Schlaf-

*Den Mond und die Sonne anschauen, dem Rauschen des Winds lauschen, den Schrei des Adlers hören: Die besten und schönsten Dinge kosten nichts.*

decke legt. Lauf also schnell hin zu dieser Stelle oben auf der Schulter des Bergs, beeile dich, du wirst deine geliebte Schwester bald berühren.«

Und so wanderte Bruder Kojote los, so schnell er konnte. Es war eine lange Wanderung, doch nachdem er vielmals den Mond gesehen hatte, stand er auf der Schulter des Bergs, genau an der Stelle, wo Schwester Stern am Ende jeder Nacht vorbeikam und den großen Felsbruder berührte. Da stand er nun matt und erschöpft und wollte nicht schlafen, denn er war in Sorge, seine geliebte Sternschwester auf ihrem Nachtweg zu verpassen.

So wartete er, bis sie sich am Himmel zeigte. Und weil er sich ihr schon so nahe glaubte, erschien sie ihm noch viel schöner als je zuvor, und seine Liebe und Sehnsucht wurde größer und heftiger denn je.

Es schien ihm sogar, als ob auch sie die Liebe und Sehnsucht ergriffen hätte, denn ihr Kleid aus funkelnden Strahlen flimmerte, und zusammen mit den anderen Sternen tanzte sie über den Himmel und kam ihm immer näher und näher. Doch als Bruder Kojote Sternschwester ganz nahe wähnte und er ihr jauchzend entgegensprang, mußte er erkennen, daß sie immer noch weit oben am Himmel tanzte.

Wie es aber die Art des Kojoten ist, gab er nicht auf, sondern wartete Nacht für Nacht auf die geliebte Sternfrau. Als aber alles Warten keine Erfüllung brachte, nahm er den Weg zurück zu seinem Platz, wo Bruder Schildkröte und Bruder Hase ihn schon mit ihren Reden empfingen. »Ho, Bruder Kojote, du hattest einen langen und beschwerlichen Weg, man sieht es dir an«, sagte die Schildkröte.

»Hattest du viele Begegnungen der Zärtlichkeit und der Liebe mit der Sternfrau? Ich habe gesehen, wie sie voll Feuer funkelte«, sagte keck Bruder Hase. Die Schmach war zuviel für das traurige Herz von Bruder Kojote, er sprang hoch und auf Bruder Hase zu, denn er wollte ihm das Genick zerbeißen, schmerzte der Spott doch mehr als alles andere. Aber Bruder Hase war in der Zwischenzeit nicht faul gewesen, er beherrschte mittlerweile die Kunst des Hakenlaufens nach Art der Blitze, und so entwischte er. Seit diesem Ereignis aus längst vergangener Zeit kann man immer wieder beobachten, wie Bruder Hase und Bruder Kojote in der Helle des Mondes gleich Blitzen die Prärie durchfegen, denn sie haben es von ihren Ahnen und deren Ahnen so gelernt.

*Wir verehren den Adler,*
*wir verehren die Schlange.*
*Unser Geist fliege hoch wie sein Flug,*
*doch unser Herz bleibe am Boden*
*wie die Brust der Schlange.*

🌀 Man fragt uns sehr oft, was das ist – ein magischer Platz. Doch wir können diese Frage nicht beantworten. Und auch, woran man einen magischen Platz erkennt, können wir nicht sagen. Es ist nicht mit Worten mitzuteilen, denn es handelt sich um Kenntnisse der Überwelten. Es gibt kein Instrument, mit dem man diese Energien messen kann. Aber es gibt Menschen mit großer Weisheit unter uns. Sie haben die Fähigkeit und die Kenntnis, diese starken Kräfte zu spüren und diese Plätze zu erkennen. Sie sprechen mit den Geistern und erfahren, wo Wasser unter der Haut von Mutter Erde ist, ohne es zu sehen.

*Du bist neugierig und willst vom Schamanen hören. Schau dich selbst an, die Magie ist doch auch in dir.*

Bevor wir unsere Hütten aufbauen, bringen wir einem dieser Männer oder einer dieser Frauen ein Geschenk – es ist meistens Tabak oder Salbei –, und sie werden mit ihren Kenntnissen den richtigen Platz aussuchen. Sie berücksichtigen dabei, wie der Platz zu Vater Sonne steht, wie Großmutter Mond zu ihm steht und wie er zum Stern, der die Dunkelheit ankündigt, steht.

Es sind dies die Plätze, wo sich unsere Brüder Bäume und Gräser sehr wohl fühlen und mit Freude wachsen. Es sind dies auch die Plätze, wo man gut schläft. Es sind dies aber auch die Plätze, wo wir uns zum Meditieren zurückziehen, es sind dies die Plätze, wo wir unsere Schwitzhütten aufstellen und wo der Rauch der Pfeife in gerader Säule in den Himmel steigt. Es sind dies die Plätze, von denen uns schon die Ahnen erzählt haben. Es sind die Plätze, die wir aufsuchen, wenn wir mit unseren Ahnen sprechen.

*Eine kleine gelbe Grille*
*an den Wurzeln*
*der Kürbispflanze.*
*Sie hüpft herum und singt.*

*Eine kleine gelbe Grille*
*an den Wurzeln*
*der Kürbispflanze.*
*Sie hüpft herum und singt.*

*Danke Bruder Grille,*
*danke für dein Lied.*

Die Ahnen sagen: Der Kreis ist uns heilig. Wenn ihr tanzt, dann tanzt im Kreis. Denn alles bewegt sich im Kreis, alles ist ein Kreis. Unsere Mutter Erde und unser Vater Sonne. Tanzt also im Kreis, denn so verehrt ihr sie. Tanzt um die Trommel, die im Zentrum steht, so wie die Sonne im Zentrum steht. Verbrennt Kopali-Harz, denn das reinigt den Platz.

Doch was rede ich vom Tanz und was von den Tänzern? Wir kennen in unserer Sprache kein Wort dafür. Es heißt bei uns Chiton kiza, und das bedeutet »Bewegungen, um Mutter Erde zu verehren«. Und der Tänzer heißt bei uns Chiton ti kiani, er ist »derjenige, der Bewegungen macht, um Mutter Erde zu verehren«.

Die Ahnen sagen: Der Kreis ist uns heilig. Wenn ihr Versammlungen abhaltet, dann versammelt euch im Kreis. Denn alles bewegt sich im Kreis. In der Schwitzhütte sitzen wir im Kreis, und bei unseren Zusammenkünften sitzen wir im Kreis. Deshalb mögen wir die Schulen der Weißen nicht. Und auch nicht ihre Parlamente. Sie sitzen dort einer hinter dem anderen. Sie können nicht ins Gesicht ihres Bruders und ihrer Schwester blicken. Sie sehen ihre Köpfe nur von hinten, und sie sehen nicht, wenn einer traurig ist und enttäuscht, ob einer Freude hat und lacht.

◉ Es ist an der Zeit, von »Schlange vier« zu erzählen. Für euch Weißen ist »Schlange vier« eine normale Klapperschlange, für uns hingegen ist sie von hoher Weisheit und hohem Wissen. Wir nennen sie deshalb Nauikatl, das bedeutet »Besonders heilige Schlange«. Sie hat auf ihrem Rücken achtzehn Quadrate, mit denen sie achtzehnmal die Vierheit des Kosmos symbolisiert. Denn die Vierheit ist die mystische und magische Zahl in unserer Kultur.

Es gibt vier Brüder Himmelsrichtungen, die wir mit vier Farben symbolisieren: Rot ist der Osten, wo die Sonne aufgeht. Schwarz ist der Westen, wo es Nacht wird. Weiß ist Norden, wo die weißen Menschen wohnen. Gelb ist Süden, wo die Sonne diese Farbe hat.

*Ihr weißen Brüder habt gelernt, die Natur zu beherrschen, lange bevor ihr gelernt habt, euch selbst zu beherrschen.*

Wir nennen diese Richtungen Nauizitlalomeyokan, die »vier Ecken des Universums«.

Es gibt vier Elemente: das Wasser, das Feuer, die Erde, den Wind. Die Brüder Büffel und Hirsch und Jaguar und Bär stehen auf vier Füßen. Wir Erdenmenschen haben zwei Beine und zwei Arme, auch das sind vier.

Doch Nauikatl symbolisiert mit der Zeichnung auf ihrem Rücken noch viel mehr, denn die Quadrate ihrer Haut bestehen aus dreizehnmal vier Schuppen. Und das ergibt zweiundfünfzig. Das sind genauso viele Schuppen wie unsere Astronomen als halben Zyklus für unseren Kalender berechnet haben.

Nauikatl ist also das Symbol der Vierheit. Doch wenn sie sich zum Ruhen zusammenrollt, bildet ihr Körper einen Kreis, unser heiligstes Symbol.

Weil uns Nauikatl mit ihren Schuppen dies alles erzählt, verehren wir sie. Wir bemalen unsere magischen Geräte mit ihrem Muster, und unsere Steinmetze meißeln sie als Relief in unsere Häuser.

Als die Weißen kamen, dachten sie, wir beten den Teufel an. Denn in ihrer Religion symbolisiert die Schlange das Böse.

◉ Ohne die Frau könnte es den Mann nicht geben. Und ohne den Mann hätte die Frau nie zu existieren begonnen. Mann und Frau sind die halben Kreise, die erst zusammen das Ganze, das Runde bilden. Wir Indianer verstehen eine Religion nicht, die sagt, die Frau wurde aus dem Mann geschaffen. Denn aus wem wurde der Mann geschaffen, wenn nicht aus der Frau?

◉ Sprecht nicht von Pyramiden, wenn ihr die Plätze meint, wo unsere Ahnen ihre Zeremonien abgehalten haben, wo unsere Ärzte ihre Heilkunst praktiziert und unsere Astronomen die Sterne beobachtet haben. Sprecht nicht von Pyramiden.
Wenn ihr fragt: »Welches Wort sollen wir dann benutzen?« sage ich: »Nennt es, wie wir es nennen, nennt es Teokalli. Das bedeutet in unserer Sprache »Konstruktion, wo sehr viel Energie herrscht« oder auch »Haus, auf dem sich große Energie aufhält«.

*Sie ziehen tiefe, unheilbare Narben*
*in das Gesicht von Mutter Erde,*
*denn sie bauen Autobahnen und Straßen.*
*Sie scheren Mutter Erde das Haar,*
*denn sie brennen die Büsche nieder*
*und schlagen die Wälder.*
*Ihre eisernen Vögel*
*durchschneiden den Himmel,*
*und es regnet, wenn es nicht regnen soll.*
*Sie wühlen im Bauch meiner Mutter nach Erz,*
*die Winter haben sie warm gemacht.*
*Es ist eine große Verwirrung gekommen,*
*doch keiner von ihnen hört, wie sehr sie grollt.*

# Als die Schlangen zu Kraft kamen

*Wie die Ratten die grünen
Schwestern fraßen und die Nattern
zu Wächtern bestellt wurden*

Die Ahnen erzählen: Es war zu einer Zeit, da die kleinen Tiere des Feldes unmäßig wurden. Die Brüder Ratten und die Brüder Kaninchen und sogar der kleine Bruder Maus verspürten unentwegt große Lust am Fressen, so daß sie unentwegt dem Bruder Mais die Samenkörner stahlen, dem Bruder Rübe die Blätter abnagten, dem Bruder Gras in die Wurzeln bissen.

Die Energien, die in der Zeit vor den Ahnen der Ahnen es erschufen, daß es ist, wie es ist, erkannten dies und beschlossen, sich zum Rat zu treffen. So kamen sie zusammen, und sie versammelten sich im Kreis.

Auch die Geistwesen der Mäuse, Ratten und Kaninchen waren geladen, auch sie sollten sprechen, und ihre Rede sollte das Verhalten ihrer Brüder und Schwestern erklären. Ihre Rede war kurz, sie gelobten gleich Besserung und waren schon wieder verschwunden.

Doch es zeigte sich, daß die kleinen Tiere des Feldes nur für kurze Zeit die Abrede erfüllten. Bald schien sie vergessen, und die Mäuse, Ratten und Kaninchen wurden unmäßiger als je zuvor. Mit großem Schmerz und großer Angst sprachen Bruder Baum, Bruder Rübe und Bruder Mais bei den Energien vor, die in der Zeit vor den Ahnen der Ahnen es erschufen, daß es ist, wie es ist.

Sie beschlossen, sich noch einmal zum Rat zu treffen. So kamen sie zusammen und versammelten sich im Kreis. Und da sie im Kreis saßen, sprachen sie die Worte ihrer Weisheit in die Mitte, und die Weisheit war sehr groß:

»Wir wollen nicht bestimmen, die Ratten, die Mäuse und die Kaninchen zu töten, wo wir doch einst bestimmt haben, daß sie die Brüder und Schwestern aller anderen Brüder und Schwestern sein sollen. Doch wir müssen die Brüder und die Schwestern schützen, die keine Beine haben, um ihnen zu entweichen, die keine Flossen haben, um ihnen zu entschwimmen, die keine Flügel haben, um ihnen zu entfliegen.«

Und so rief der Rat der Weisheit die Schlangen herbei. Es kamen große und kleine, graue und schwarze und Schlangen mit buntem Kleid. Den großen wurde die Kraft des Würgens gegeben, die kleineren erhielten die Kraft des tödlichen Bisses.

»Seid maßvoll im Umgang damit und seid von nun an die Wächter der grünen Schwestern. Als es da gibt den Mais, die Lianen, die Rüben und die Gräser, die grünen Schwestern, die hoch wachsen, und die grü-

nen Schwestern, die nieder wachsen. Wohnt in den Ästen der Bäume, kauert euch unter die Blätter.«
Und so taten es die Nattern und Vipern, die mit der Würgekraft und die mit der Giftkraft. Und es war wieder, wie es sein soll, und man soll sie ehren, denn ihre Aufgabe ist eine ehrenvolle.

*Huschende Fliegen aus weißem Feuer,*
*kleines Getier, kleine wandernde Feuer!*
*Schwenkt eure Sternchen über meinem Bett,*
*webt kleine Sterne in meinen Schlaf!*
*Komm, kleiner tanzender Weißfeuer-Käfer,*
*komm, kleines nachtflinkes leuchtendes Tier.*
*Schenk mir das Zauberlicht deiner*
*hellen, weißen Flamme,*
*deiner kleinen Sternenfackel.*

◉ Die Weißen sagen »mein«, wo wir »unser« sagen. Sie schauen auf sich, wo wir auf den Bruder schauen. Unsere Türen und Herzen waren immer offen, weil wir alle Brüder und alle Schwestern lieben und respektieren. Unsere Geschichte ist voller Beispiele, die erzählen, wie wir euch in unserem Land als Gäste aufgenommen haben.

Durch diese Türen traten Christoph Columbus ein und Hernando Cortez und später die Pilgerväter. Wir haben euch mit Geschenken begrüßt und haben euch gezeigt, wo es den Hirsch zu jagen gibt und wo man den Fisch fängt. Wir haben den hungrigen Seefahrern zu Essen gegeben, und unsere Medizinmänner haben eure Kranken geheilt. Wir haben geholfen, daß diese Menschen nicht an Hunger, Kälte und Erschöpfung sterben mußten. Wir gaben euch die Medizin des Lebensbaums, der in unseren Wäldern wächst, und den Mais und die Kartoffel.

Doch ihr wolltet nicht unsere Brüder sein, ihr seid als Eroberer gekommen. Ihr habt auf die Hand gespuckt, die wir euch gegeben haben.

*Drei Finger deuten auf dich zurück, wenn du auf deinen Bruder zeigst.*

# ALTE SPINNENFRAU UND SCHLANGENMANN

*Wie der Häuptlingssohn mit Hilfe
der Spinnenfrau in den Schlangenkult
eingewiesen wurde*

Die Ahnen wissen zu berichten: Es geschah, daß ein Häuplingssohn in tiefe Gedanken versunken war, wie denn der weitere Weg des Wassers sei, das an seinem Dorf vorbeifloß. Wo es herkäme und wo es hinginge. Er saß am Ufer, und seine Augen und seine Gedanken folgten dem Fluß, der endlos an ihm vorübersprudelte und geheimnisvoll zwischen den Felsen des Berges verschwand.

Auch sein Vater, der Häuptling, wußte keinen Rat und auch nicht seine Mutter, nicht die Weisen des Dorfes und auch nicht die Medizinleute. Nur soviel wußte der Medizinmann: Irgendwo mußte sich das Wasser mit dem Wasser anderer Flüsse zu einem neuen Fluß vermählen, und dieser mit wieder anderen, und das so lange, bis sie an den Platz kamen, wo es nur mehr Wasser gibt. Als der Sohn des Häuptlings dies hörte, baute er sich ein Kanu, denn er wollte diesen Platz, wo nur mehr Wasser war, besuchen. Eines Tages machte er sich bei Sonnenaufgang auf den Weg und verschwand mit den hüpfenden Wellen

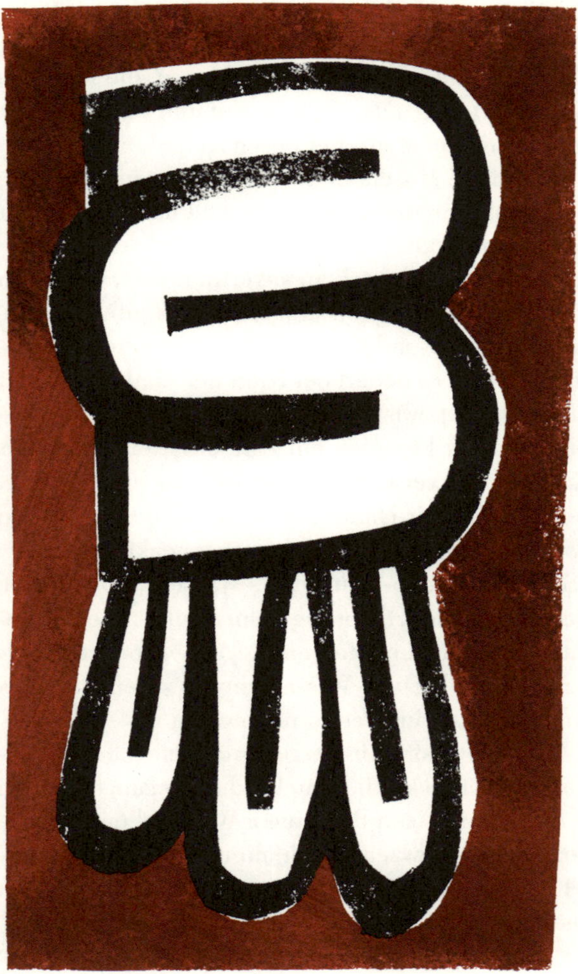

des Flusses zwischen den Felsen. Nach langer Reise kam er schließlich dorthin, wo nur mehr Wasser war. Dort lebte auf einer Insel Spinnenfrau, die über den Gast aus dem Land der Berge erstaunt war, denn nur selten kam ein Menschenwesen zu ihr vor die Hütte.

»Ich will die Muscheln und Perlen eintauschen, von denen mir der Medizinmann erzählt hat«, erklärte er der Spinnenfrau.

»Weil du mir deinen Plan anvertraut hast, werde ich dir helfen«, antwortete die Alte. »Es gibt hier das große Wasser, und es ist voll von Perlen und Muscheln, doch es bedarf der Kraft der Zauberei, damit du bekommst, was du bekommen willst.«

Sie gab dem Fremden ein Zaubermittel von großer Kraft. Dann verwandelte sie sich in eine Spinne, setzte sich dem Häuptlingssohn auf den Kopf und baute sich im Haar ein kleines, verstecktes Nest.

»Streue das Zaubermittel aufs Wasser«, flüsterte sie ihm zu. Und der Häuptlingssohn machte, wie ihm geraten. Da erschien sofort ein Regenbogen, der wie eine Brücke über das Wasser hinweg zu einem Haus auf einer Insel im Wasser reichte.

»Wir werden dort hinübergehen«, sagte die Spinnenfrau, »erschrecke dich nicht, die Eingänge werden von einem riesigen Bär, einem Wolf und einer Klapperschlange bewacht, doch mit unserem Zaubermittel werden sie uns erkennen und als Gäste eintreten lassen.«

Und so geschah es auch: Im Innern der Hütte saß eine Versammlung von schweigenden alten Männern. Keiner bewegte auch nur das Haupt, als der Fremde eintrat. Doch dann erhob sich einer der alten Weisen, füllte seine Pfeife mit Tabak und gab sie dem Gast zur Begrüßung.

»Das ist eine Probe. Du mußt den Rauch hinunterschlucken, ohne daß dir schwindlig wird und ohne daß du hustest«, flüsterte die Spinnenfrau. Und mit ihrem Rat meisterte der Fremde aus dem Bergland diese Probe.

Die Alten nickten, denn dies bedeutete, daß der fremde Häuptlingssohn über besondere Kräfte verfügte und er noch weitere Proben bekommen müsse, um sich zu beweisen. So verwandelten sich die alten Männer in Schlangen: in jene, denen die Würgekraft gegeben ist, und in jene anderen, die über den tödlichen Biß verfügen. Es waren kleine und große, die sich zu den Füßen des Fremden ringelten, und es waren kleine und große, die durch die Ritzen und Rillen des Hauses von draußen hinzukamen.

»Suche dir eine davon aus, und fange sie mit deiner Hand«, sagte der alte Häuptling, der sich als einziger nicht in eine Schlange verwandelt hatte.

Die Spinnenfrau, die um den Zauber wußte, riet ihm, der Aufforderung zu folgen, denn es wäre eine weitere Probe. Und so geschah es auch. Mit seinem Zauberpulver besänftigte er eine bunte und zierliche

Natter, die sich zischend gegen ihn aufrichtete, sich aber dann bereitwillig in die Hand nehmen ließ.

Daraufhin verwandelten sich alle Schlangen wieder zurück in menschliche Gestalt. Doch wo vorher die Männer allein im Kreis saßen, waren jetzt auch viele junge Frauen von großer Schönheit anwesend. Sie waren, so erfuhr es der Häuptlingssohn von der hinter sein Ohr gekrabbelten Spinnenfrau, vorher als Schlangen verwandelt in die Hütte gekrochen. Die jungen Frauen trugen reichlich Speisen auf, und jenes Mädchen, das der Häuptlingssohn als Schlangengestaltige aufgehoben hatte, wich nicht mehr von seiner Seite.

Während man im Kreis saß und die Speisen teilte, erzählte der Häuptlingssohn vom Grund seiner Reise und daß er Muscheln und Perlen eintauschen wolle. Die Schlangenmänner bedeutetem ihm, noch einige Zeit bei ihnen zu bleiben, denn das Gewünschte werde sich sicher reichlich für ihn einstellen. Doch zuvor solle er sich zu ihnen in den Kreis setzen und die Geheimnisse des Schlangenkults erfahren.

Die Spinnenfrau, die von diesen Dingen nichts wissen durfte, war längst schon aus dem Haar des Fremden entschlüpft und auf dem Weg über die Regenbogenbrücke zurück zu ihrer Hütte. Kaum daß man sie dort wußte, begannen die Einweisungen für den Häuptlingssohn. Eine ganze Nacht hörte er die Anweisungen des alten Häuptlings. Trotz der großen

Müdigkeit, die ihn zwischendurch befiel, schärfte er seine Aufmerksamkeit, denn es war ihm von dem Alten beschieden, alle Einzelheiten in seinem Gedächtnis zu bewahren, damit er nach seiner Rückkehr bei den Seinen den Schlangenkult einführen könne. Nachdem er alle Zeremonien, alle Zaubersprüche und die Kraft aller magischen Gegenstände erfahren hatte, gab ihm der alte Häuptling noch Maiskörner für den Weg und warme Decken gegen die Kälte der Nacht.

»Die Schlange, die du gefangen hast, hat die Gestalt der Erdenmenschen angenommen. Sie soll mit dir ziehen und fortan deine Frau sein. Sprich nicht mit ihr, und sieh sie nicht an, bevor du daheim bist, sonst muß sie zu uns zurückkehren«, sagte der Alte noch, schickte die beiden auf den Weg und ward nicht mehr gesehen.

So gingen die beiden schweigend den langen Weg zurück ins Dorf, ohne sich anzusehen. Mit großer Freude wurden sie begrüßt, denn man wußte, daß der Sohn des Häuptlings nicht nur eine schöne Frau, sondern auch die Weisheit der Schlangen mitgebracht hatte.

Und so lebten alle glücklich in dem Dorf. Doch nachdem die beiden beieinanderlagen und die Frau dem Mann nur Klapperschlangen und keine Erdenmenschen gebar, bekamen die anderen des Dorfes große Furcht und versteckten sich in ihren Hütten. Da sammelte der Schlangenvater alle seine Klapperschlangenkinder in einem Tuch, das er zu einem Beutel geknotet hatte, und machte sich noch einmal auf den weiten Weg zu den Schlangenmännern, damit diese für die Kinder sorgten und sie beim Erwachsenwerden begleiteten. Er verließ das Dorf gegen Sonnenuntergang, wie es heute noch die Schlangenpriester unserer Brüder Hopi nach der Schlangenzeremonie tun.

Es wird weiter erzählt, daß nach seiner Rückkehr der Häuptlingssohn und seine Schlangenfrau in ein anderes Dorf zogen. Dort habe die Frau dann auch Menschenkinder geboren. Aufgrund ihrer Weisheit und ihrer magischen Kräfte ist sie die Stammesmutter des Schlangen-Clans geworden und wird heute noch von den Brüdern Hopi als solche verehrt.

Ha how bedeutet in unserer Sprache: »Das, was ich spreche, kommt nicht von mir, sondern von unseren Ahnen«. Wenn einer meiner Brüder oder ich mit dem, was wir sprechen, fertig sind, sagen wir zum Schluß immer Ha how.

**Feuer:**
Die Abbildungen sind den Bänden
»Alt-Mexiko und seine Kunst« sowie
»Alt-Amerika und seine Kunst« von Ferdinand Anton,
Buch- und Kunstverlag Leipzig, entnommen

**Wind:**
Quellenhinweis: Wir danken dem Verlag Kerle, Wien,
für die Abdruckgenehmigung der Texte
auf den Seiten 40, 41, 54, 90, 93, 111, 123

Genehmigte Sonderausgabe 2000
Orbis Verlag für Publizistik, München
in der Verlagsgruppe Bertelsmann

© Mosaik Verlag GmbH, München
Textdokumentation: Heinz Uber
Buchgestaltung und Farbdrucke: Martina Eisele, München
Einbandgestaltung: Martina Eisele, München
Druck und Bindung:
Freiburger Graph. Betriebe, Freiburg/Breisgau
Printed in Germany
ISBN 3-572-01127-2